墨香财经学术文库

"十二五"辽宁省重点图书出版规划项目

The Study on the Impacts of the Internal Pay Gap on Enterprise's Total Factor Productivity

高梦捷 ◎ 著

内部薪酬差距对企业全要素生产率的影响研究

东北财经大学出版社
Dongbei University of Finance & Economics Press
大连

图书在版编目（CIP）数据

内部薪酬差距对企业全要素生产率的影响研究 / 高梦捷著. —大连：东北财经大学出版社，2023.1

（墨香财经学术文库）

ISBN 978-7-5654-4679-5

Ⅰ.内… Ⅱ.高… Ⅲ.薪金-影响-企业管理-全要素生产率-研究 Ⅳ.F272.3

中国版本图书馆CIP数据核字（2022）第212072号

东北财经大学出版社出版发行

大连市黑石礁尖山街217号 邮政编码 116025

网 址：http：//www.dufep.cn

读者信箱：dufep @ dufe.edu.cn

大连永盛印业有限公司印刷

幅面尺寸：170mm×240mm 字数：176千字 印张：12.25 插页：1

2023年1月第1版 2023年1月第1次印刷

责任编辑：李 彬 王芃南 责任校对：合 力

徐 群 时 博

封面设计：冀贵收 版式设计：原 皓

定价：52.00元

教学支持 售后服务 联系电话：（0411）84710309

如有印装质量问题，请联系营销部：（0411）84710711

佛山科学技术学院学术著作出版资助基金

前言

党的二十大报告明确提出，在推进供给侧结构性改革的背景下，提升全要素生产率是实现中国经济高质量发展的关键。微观企业作为促进经济发展与社会进步的基石，是拉动企业全要素生产率增长的重要载体，而如何借助内部薪酬差距挖掘有效的激励机制是经济学与管理学领域研究关注的热点与重点。根据锦标赛理论，内部薪酬差距能够有效发挥薪酬契约的激励作用，但行为理论的支持者认为，内部薪酬差距反而会抑制薪酬契约激励的效果与效率。因而，当中国经济处于转型期的关口，厘清内部薪酬差距与企业全要素生产率之间的内在联系，是探寻企业全要素生产率影响因素的重要研究内容。

在市场经济条件下，人力资本的生产力属性决定了企业内部不同群体对生产力水平的贡献具有显著差异，从而会产生内部薪酬差距。因而，依据人力资本理论的内容，探讨企业内部不同人员之间薪酬差距对企业全要素生产率的影响，是揭示内部薪酬差距影响企业全要素生产率的必要途径。

同时，在中国经济转轨阶段，产权性质与高管权力对高管的薪酬契约具有重要的影响。一方面，在将国有企业高管薪酬与经营业绩相挂钩的改革政策，以及一系列“限薪令”并存的背景下，国资委于2019年6月进一步印发的《国务院国资委授权放权清单（2019年版）》，支持中央企业所属企业市场化选聘的职业经理人实行市场化薪酬分配制度。同时，政府“限薪令”的实施对内部薪酬差距的激励效果也未能形成统一结论。另一方面，当上市公司管理层权力过度膨胀时，锦标赛薪酬激励制度也会相应地被削弱。

鉴于此，聚焦于内部薪酬差距与企业全要素生产率的研究视角，本书主要致力于解决以下问题：第一，考察内部薪酬差距的加大是促进还是抑制企业全要素生产率的提升。第二，依据人力资本理论，探讨内部薪酬差距的不同构成能否影响企业全要素生产率，以及不同人力资本的影响效果是否存在显著差异。第三，辨析产权性质以及CEO权力是否在内部薪酬差距对企业全要素生产率的影响中存在显著的调节效应。

围绕上述问题，本书分为7章：第1章是绪论，阐述研究背景与研究意义、相关概念界定、研究思路和研究方法以及本书主要的创新点；第2章是文献综述，梳理与回顾内部薪酬差距经济后果与企业全要素生产率影响因素研究领域的相关文献，并归纳现有文献中的不足与明确本书的研究方向；第3章简要阐释锦标赛理论、行为理论、人力资本理论、产权理论和管理层权力理论的基本内容，并围绕本书的研究主题阐释理论框架；第4章、第5章以及第6章是实证检验部分；其中，第4章分别依据锦标赛理论与行为理论剖析与检验高管与员工之间薪酬差距和高管之间薪酬差距对企业全要素生产率的影响，并探讨其影响是否呈非线性关系，以及内部薪酬差距过大对企业全要素生产率影响的情况；第5章则从人力资本的研究视角出发，探索与检验内部薪酬差距对企业全要素生产率的影响机制；第6章主要考察了企业产权性质与CEO权力在内部薪酬差距对企业全要素生产率的影响中是否存在显著的调节效应；第7章主要包括研究结论、政策建议、研究不足以及未来研究方向。

本书得出了以下主要结论：

结论一：高管之间薪酬差距以及高管与员工之间薪酬差距的加大均会显著促进企业全要素生产率的提升。基于锦标赛理论与行为理论的研究视角，本书分别剖析高管与员工之间薪酬差距以及高管之间薪酬差距对企业全要素生产率的影响。研究发现，两类薪酬差距的加大均会显著促进企业全要素生产率的提升，获取了支持锦标赛理论的经验证据。然而，一些学者研究发现，锦标赛理论与行为理论在内部薪酬差距的经济后果中会并存，且随着内部薪酬差距的加大，它们的解释力也会发生改变，导致内部薪酬差距对其经济后果会呈现倒U形关系，从而会影响本书研究结论的可靠性。鉴于此，本书通过进一步研究发现，内部薪酬差距对企业全要素生产率的影响呈倒U形关系的实证检验结果并不显著，但当内部薪酬差距过大时，其对企业全要素生产率的影响并不显著。

结论二：高管薪酬溢价和员工薪酬溢价的加大，均会显著促进企业全要素生产率的提升，且高管薪酬溢价的影响更强；同时，非核心高管薪酬溢价与核心高管薪酬溢价的加大，均会促进企业全要素生产率的提升，且核心高管薪酬溢价的影响更强。本书借助人力资本理论，将高管与员工之间薪酬差距分解为高管薪酬溢价与员工薪酬溢价，并将高管之间薪酬差距拆分为核心高管薪酬溢价与非核心高管薪酬溢价，探讨内部薪酬差距对企业全要素生产率的影响机制。研究发现，上述两类薪酬差距的细分内容均会显著促进企业全要素生产率的提升；同时，在高管与员工之间的薪酬差距中，高管薪酬溢价对企业全要素生产率的影响效果更显著，而在高管之间薪酬差距中，核心高管薪酬溢价对企业全要素生产率的影响更显著。

结论三：企业的异质性会影响内部薪酬差距对企业全要素生产率的作用，具体表现为：国有产权性质和CEO权力的提升均在内部薪酬差距对企业全要素生产率存在显著的负向调节效应。本书结合中国处于经济转轨阶段的制度背景，以及引入产权理论以及高管层权力理论，探讨产权性质与CEO权力在内部薪酬差距对企业全要素生产率影响中的作用。研究发现，国有产权性质在内部薪酬差距对企业全要素生产率的影响中存在显著负向调节效应，表明国有企业中锦标赛理论的薪酬激励作用可能会被削弱。同时，CEO权力扩大在内部薪酬差距对企业全要素生产率的影响中存在显著负向调节效应，表明当CEO权力过大时，内部薪酬差距对企业全要素生产率的促进作用会受到抑制。

本书可能存在的创新点主要有三个方面：

第一，立足中国的制度背景，拓展内部薪酬差距经济后果的理论研究。大部分学者主要聚焦于资产报酬率等短期的财务指标探讨内部薪酬差距对企业经营效率与效果的影响。本书则借助党的二十大报告指出提升全要素生产率的契机，考察内部薪酬差距对企业全要素生产率的影响，在一定程度上综合呈现内部薪酬差距对企业使用生产要素及其产出的影响，将弥补现有相关研究的不足。同时，受益于中国上市公司强制披露管理层薪酬和员工薪酬的规定，借助人力资本理论，本书将高管薪酬与员工薪酬的激励效应分解，分别探讨高管薪酬溢价与员工薪酬溢价，以及核心高管薪酬溢价与非核心高管薪酬溢价对于企业全要素生产率所产生的作用效果，从而得以揭示内部薪酬差距对企业全要素生产率影响的作用机制。

第二，聚焦于内部薪酬差距的研究视角，系统拓展与深化企业全要素生产率影响因素的理论研究。相对于宏观经济的研究视角而言，现有相关学者从微观企业的研究视角探寻企业全要素生产率影响因素的研究较少。微观企业是推进经济发展与社会进步的基石，而内部薪酬差距是企业经营管理实践与理论研究的热点难点。本书将弥补现有相关研究的不足，探讨高管与员工之间薪酬差距以及高管之间薪酬差距对企业全要素生产率的影响，并将揭露上述影响的内在机制，从而系统并全面深化内部薪酬差距对企业全要素生产率影响的理论研究。

第三，深化企业异质性角度在内部薪酬差距对企业全要素生产率的影响研究。在中国处于经济转轨阶段的背景下，在一系列“限薪令”相继出台的背景下，国有企业的内部薪酬差距会受到严格的限制；同时，中国企业的公司治理尚处于完善阶段，高管能够借助自身的权力与影响通过拉大内部薪酬差距满足其攫取私有收益的目标。本书试图探讨产权性质与CEO权力在内部薪酬差距对企业全要素生产率影响中的调节效应，从而将丰富内部薪酬差距对企业全要素生产率影响的理论研究。

作　者

2022年10月

目录

1 绪论

1.1 研究背景与研究意义

1.1.1 研究背景

自改革开放以来，中国经济总量目前已列居世界第二位，尽管“中国制造”遍布全球市场，但相对于发达国家的企业而言，中国企业的竞争力仍有待提升。党的二十大报告提出，在中国经济已由高速增长阶段转向高质量发展的阶段，提高全要素生产率是实现质量第一与效益优先的关键。企业全要素生产率反映了生产率作为一个经济概念的本质，代表生产过程中各种投入要素的单位平均产出水平。企业全要素生产率不仅代表企业的技术水平，而且能够反映企业物质生产的知识水平、管理技能以及制度环境等因素（鲁晓东和连玉君，2012）。然而，在企业全要素生产率的理论研究领域中，多数相关学者基于宏观经济的研究视角探索全要素生产率的影响因素，并未重视从微观企业经济行为的研究视角窥探其影响因素（余林徽等，2014；马光荣，2014；毛其淋和许家云，2015）。

伴随经济高速增长，不平衡与不充分的结构性失衡问题日益突出，收入分配问题更加得到重视。而如何有效地挖掘与发挥薪酬契约在微观企业中的激励机制是经济学与管理学领域长期关注的研究重点与热点（Laffont 和 Martimort，2003）。依据人力资本理论，企业高管与员工对生产率水平的贡献具有显著差异（Acemoglu，1998）。在市场经济条件下，不同群体的人力资本会导致其对生产率水平贡献的差异，并决定着薪酬差距的存在。

同时，在中国经济转轨阶段中，早在1993年，国务院就开始探索实行国有企业高管年薪制，逐步将高管薪酬与经营业绩相挂钩，并加大内部薪酬差距。但一系列“限薪令”的出台表明管理实践与理论研究对内部薪酬差距的激励效果并未统一（高良谋和卢建词，2015）。而国资委于2019年6月印发的《国务院国资委授权放权清单（2019年版）》支持中央企业所属企业市场化选聘的职业经理人实行市场化薪酬分配制度，为发挥内部薪酬差距在国有企业高管薪酬改革中的作用提供了新的方向。此外，高管权力也是对企业内部薪酬差距产生影响的重要因素（权小锋等，2010），尤其在中国企业公司治理尚处于发展阶段的背景下，高管权力的增加为高管借助薪酬契约摄取私有收益提供了便利条件（谢德仁等，2012；黎文靖等，2014；高良谋和卢建词，2015；方军雄，2017）。

因此，本书基于微观企业的研究视角，探讨内部薪酬差距对企业全要素生产率的影响，剖析内部薪酬差距具体组成部分对企业全要素生产率的影响机制，并进一步辨析企业异质性特征中的产权性质与CEO权力在上述影响中的作用，从而推进企业薪酬对企业全要素生产率影响的理论研究并揭示其必要内容。

1.1.2 问题提出

自改革开放以来，中国企业高管薪酬逐步与经营业绩呈现显著的正向相关关系（方军雄，2012；谢德仁等，2012），但相关学者却发现高管薪酬的增长显著高于经营业绩的提升。因而，为进一步揭示本书研究问题的必要性与紧迫性，本书根据《中国上市公司治理分类指数报告No.17（2018）》中的“2017年上市公司的高管薪酬指数及高管薪酬绝对值表”，依据上市公司产权性质的区别进行高管薪酬的对比，具体见表1-1。

表1-1　**2017年不同最终控制人上市公司高管薪酬指数和绝对值比较表**[①]

排序	所有制类型	公司数目	平均值	中位数	最大值	最小值	标准差
高管薪酬指数							
1	民营企业	2 088	260.7839	117.2642	34 582.8673	0.3906	1 032.6484
2	中央国有企业	375	131.1679	49.4413	10 882.1881	0.1068	577.8869
3	地方国有企业	677	102.3313	44.2370	3 588.7793	0.5820	239.6322
总　体		3 140	211.1411	88.3535	34 582.8673	0.1068	875.3949
高管薪酬绝对值（单位：万元）							
1	民营企业	2 088	87.2689	60.8017	2 061.9960	5.6000	100.7675
2	中央国有企业	375	106.0099	74.1300	999.2667	12.0000	101.6439
3	地方国有企业	677	83.0051	59.003	903.7690	9.5200	85.8598
总　体		3 140	88.5878	62.1933	2 061.9961	5.6000	98.0793

注：《中国上市公司治理分类指数报告No.17（2018）》中的高管薪酬绝对值为上市公司2017年年报披露前三位高管薪酬的均值，其中，股票期权折算成现金薪酬来代表上市公司高管薪酬的总体情况。

由表1-1可知，2017年上市公司高管的薪酬指数均值为211.1411，高于2012年的130.49；上述结果表明中国上市公司存在高管激励过度的情况，该指标趋近于100，代表着高管激励与经营业绩具有较大的同

① 表1-1的数据来自《中国上市公司治理分类指数报告No.17（2018）》，第414页（表23-3 2017年不同最终控制人上市公司高管薪酬指数和绝对值比较）；高管薪酬指数指标的计算采用基准法：首先，选择每个行业的基准公司；其次，计算各行业全部公司的基准值；最后，以该基准值作为标杆，计算各公司高管薪酬指数，具体请详见该报告的第53~55页。

步性。上市公司高管薪酬绝对值的均值为88.5878万元，而2012年仅为63.61万元。因而，上述统计表明2017年上市公司高管薪酬增长速度显著高于经营业绩的增长。同时，国有产权性质以及高管薪酬绝对值的统计结果显示，在中国经济转轨阶段，国有产权对高管薪酬存在显著的影响。

高管薪酬的提升会使内部薪酬差距的加大，而内部薪酬差距作为重要的薪酬结构对薪酬契约的激励作用至关重要（Gerhart，2003）。依据锦标赛理论，内部薪酬差距扩大更有助于激励员工积极投入生产创造，促进经营业绩提高；但行为理论的支持者却认为内部薪酬差距会引发雇员的反生产情绪，不利于经营业绩的提升。然而，经营业绩具有一定的短视性与局限性，无法准确地刻画企业的实际经营情况。因而，党的二十大报告提出提升全要素生产率是中国实现高质量发展阶段的关键目标。在此背景下，内部薪酬差距的加大能否有助于提升企业全要素生产率呢？

基于人力资本理论，企业不同人员的人力资本决定了他们的生产力差异，这会导致他们对企业生产经营贡献存在一定的差异，进而导致他们存在薪酬差距（Acemoglu，1998）。因而，内部薪酬的不同组成部分是否都对全要素生产率具有显著的影响？若均存在影响，那么它们的影响是否存在显著差异？

同时，在中国经济转轨阶段中，将国有企业高管薪酬与经营业绩挂钩以及一系列“限薪令”交错的制度中，国有产权性质对内部薪酬差距的激励效果存在显著的影响（陈冬华等，2005；黎文靖和胡玉明，2012；高良谋和卢建词，2015），国资委于2019年6月印发的《国务院国资委授权放权清单（2019年版）》支持中央企业所属企业市场化选聘的职业经理人实行市场化薪酬分配制度。此外，高管权力在企业设置内部薪酬差距中也具有显著的影响（权小锋等，2010），并直接关系到内部薪酬差距能否起到积极的激励作用（方军雄，2017）。因而，辨析国有产权性质与CEO权力在上述影响中是否存在显著的差异，是全面揭示内部薪酬差距对企业全要素生产率影响理论研究的重要内容。

鉴于此，本书通过深入探讨与解读上述问题推进内部薪酬差距影响企业全要素生产率的理论研究。同时，本书具有重要的实用价值：一是，本书将为中国企业借助内部薪酬差距提升全要素生产率提供一定的理论参考。本书通过内部薪酬差距的具体内容对企业全要素生产率影响机制的探讨，以及产权性质与CEO权力在内部薪酬差距对企业全要素生产率影响中作用的辨析，有助于为中国企业借助内部薪酬差距提升企业全要素生产率提供一定的理论支持。二是，本书为相关监管部门提升企业全要素生产率，实现经济高质量发展提供相关的理论支持。现有相关研究主要以财务指标等短期经营业绩考察内部薪酬的激励效果，而本书则从微观企业全要素生产率的研究视角为相关监管机构实现经济高质量发展，以及为促进企业内部薪酬激励效果的提升提供新的经验证据，从而有助于相关监管部门在推进供给侧结构性改革进程中，实现经济高质量发展。

1.1.3 研究意义

1.理论意义

第一，从企业全要素生产率的视角，深化了内部薪酬差距经济后果的理论研究。在所有权与经营权分离的现代公司制企业中，扩大内部薪酬差距成为激发高管与员工工作积极性与努力程度的重要方式。然而，相关学者主要以资产报酬率等财务指标辨析内部薪酬差距能否提高企业经营管理的效率与效果，依据锦标赛理论与行为理论的相关内容，获取了不同的微观经验证据。但财务指标具有一定的片面性与局限性，党的二十大报告指出提升企业全要素生产率是实现经济高质量发展的重要路径。本书则以此为契机，深入考察内部薪酬差距对企业全要素生产率的影响。在此基础上，本书进一步借助人力资本理论，将内部薪酬差距的激励效应分解，分别探讨高管薪酬溢价与员工薪酬溢价以及核心高管薪酬溢价与非核心高管薪酬溢价对于企业全要素生产率所产生的影响效果，并比较上述两类薪酬溢价影响的强度，从而拓展内部薪酬差距经济后果的理论研究。

第二，从内部薪酬差距的研究视角，拓展了企业全要素生产率影响因素的理论研究。党的十九大报告指出“推动经济发展质量变革、效率变革、动力变革，提高全要素生产率”。相对于资产报酬率等财务指标而言，企业全要素生产率能够较为综合地反映企业技术效率、创新效率以及组织管理效率。虽然企业全要素生产率是一个微观的企业概念，但是早期由于数据的局限，宏观数据通常是估计企业全要素生产率的数据来源。尽管近年来，在微观层面借助企业的统计数据对企业全要素生产率的估计成为可能，但相对于宏观经济的研究视角而言，相关学者仍忽视探寻微观企业全要素生产率的影响因素。同时，内部薪酬差距一直以来是企业经营管理实践与理论研究的热点与重点。因而，本书将弥补现有研究的不足，探讨内部薪酬差距对企业全要素生产率的影响。在此基础上，本书仍将依据人力资本理论的相关内容，分析上述影响的具体机制，从而能够系统与全面深化内部薪酬差距对企业全要素生产率的影响。

第三，从产权性质与CEO权力的研究角度，丰富了内部薪酬差距对企业全要素生产率的影响。本书考察企业产权性质与CEO权力在内部薪酬差距对企业全要素生产率影响中的作用。企业的产权性质影响了企业控制权和现金流权的统一和分离问题，进而对企业的激励机制与行为方式都会产生不同影响，科学地运用所有制特征可以适当带来企业资源配置效率和生产效率的提高。非国有企业所有人相较于国有企业而言，现金流权和控制权相对高度统一，所有人对企业的经营与管理的关注度与参与度较高，进而使得企业内部人员控制与国有企业相比较弱。此外，由于非国有企业的经营成败关系到非国有企业所有人的个人利益，所以产权性质必然会对内部薪酬差距的激励效果产生影响。CEO作为企业创新、生产要素以及经济发展的主要推动者，其CEO权力必然会对企业经济行为产生影响，对理解CEO的行为选择有一定理论参考价值。所以本书试图从这两个角度出发，研究其在内部薪酬差距对企业全要素生产率影响中的调节效应，从而在一定程度上丰富内部薪酬差距对企业全要素生产率影响的理论研究。

2.实践意义

第一，有助于企业借助内部薪酬差距拉动全要素生产率的提升。结合内部薪酬差距能够提升企业全要素生产率的经验证据，企业可适当拉开与保持一定的内部薪酬差距以提升全要素生产率。同时，研究结论有助于企业认清内部薪酬差距影响企业全要素生产率的机制，优化内部薪酬差距的结构，为提升全要素生产率提供了微观的经验支持。在此基础上，本书研究为不同产权的企业认清内部薪酬差距对企业全要素生产率的影响，以及抑制CEO权力增长所诱发的消极影响也提供了重要的理论参考。

第二，有助于相关监管机构促进微观企业提升全要素生产率。在十九大报告提出提升全要素生产率是实现经济高质量发展的重要路径的背景下，如何拉动微观企业全要素生产率，确保实现经济高质量发展迫在眉睫。本书研究结论有助于相关监管部门制定与优化薪酬结构的相关制度，引导企业借助内部薪酬差距，提升全要素生产率。在此基础上，本书研究结论有助于相关监管机构在相关薪酬政策中，借助内部薪酬差距设置促进企业全要素生产率提升的具体路径。同时，本书研究发现，由于不同员工人力资本的差异，导致员工之间薪酬差距对企业全要素生产率的影响存在显著差异。因而，相关监管机构可以通过引导企业重视内部薪酬差距结构的设置，增强内部薪酬差距对企业全要素生产率的促进作用。

第三，有助于相关监管机构塑造有利于中国企业借助内部薪酬差距促进企业全要素生产率增长的经济环境。国资委于2019年6月印发的《国务院国资委授权放权清单（2019年版）》支持中央企业所属企业市场化选聘的职业经理人实行市场化薪酬分配制度。而国有产权性质会显著抑制内部薪酬差距具有促进企业全要素生产率作用的结论，为相关监管机构营造推进国有企业市场化薪酬改革的经济环境提供了微观经验证据，从而印证了上述相关薪酬改革政策。同时，CEO权力的增加会抑制内部薪酬差距提升全要素生产率的结论，表明相关监管机构应进一步完善中国企业公司治理的环境，来抑制企业高管借助自身权力与影响谋取私有收益而损害全要素生产率的提升。

1.2 相关概念界定

1.2.1 高级管理人员

高级管理人员掌控企业的经营战略以及方针决策等一系列活动，决定企业的未来发展。高级管理人员作为委托代理机制中的高级代理人，是指在企业生产经营中，能够对经营活动与经营绩效负责且具有经营决策权的管理人员。高级管理人员也可定义为对企业负有全面责任的人，在一定程度上负责制定与实施企业的政策方针，以及评价经营业绩。因而，区别于普通员工，高级管理人员具有企业代理人和员工的双重身份。

国外学者对高级管理人员的范围主要存在两种不同的意见：一方面，Hambrick 和 Mason（1984）认为高级管理人员仅包括总裁级别等少数且影响力极强的管理者。Laquinto 和 Fredrickson（1997）则认为高级管理人员应由企业CEO认定。而Mehran（1995）却认为高级管理人员应是薪酬前五位的管理人员。另一方面，Carpenter 和 Sanders（2002）认为高级管理人员的范畴应更为广泛，应涵盖董事会主席、副主席以及首席运营官等高级管理人员。Siegel 和 Hambrick（2005）认为从企业战略的视角，管理人员应分为三个层级；具体而言，第一层级应是CEO，第二层级应为首席运营官、财务总监以及部门总裁，第三层级为其他经理。现有国外相关学者主要认为高级管理人员应以CEO为核心，包含对公司经营管理和业绩效益负有重要责任的人员。

在中国，对管理人员的定义也存在一定的分歧。一方面，相关制度规范对高级管理人员的定义存在一定的差异。具体而言，《中华人民共和国公司法》将高级管理人员界定为经理、副经理、财务负责人、上市公司董事会秘书和其他人员。根据《企业会计准则第36号——关联方披露》的相关概念界定，管理人员包括：董事长、董事、总经理、财务总监（总会计师）以及主管各项事务的副总经理。《国务院关于股份有限公司境外募集股份及上市的特别规定》将高级管理人员规定为股东、董事、监事、经理、财务负责人和章程规定之其他高级管理人员。而中国证监会发布的《上市公司高级管理人员培训工作指引》指出上市公司的管理人员包括：董事长、董事、监事、独立董事、总经理、财务总监以及董事会秘书。

在国内相关的理论研究领域，对于高级管理人员的界定主要有以下四种观点：(1) 仅为董事长（李增泉和杨春艳，2003）；(2) 包括董事长和总经理（龚玉池，2001；朱红军，2002；谌新民和刘善敏，2003）；(3) 包括董事会成员、总经理、总裁、副总经理、副总裁、财务总监、总工程师、总经济师、董事会秘书和监事会成员（魏刚，2000；陆正飞，2012）；(4) 相关学者在国有企业改制后，认为高级管理人员包括限定为薪酬最高的管理人（李琦，2003；林浚清等，2003：孙世敏等，2006）。综合现有相关政策以及文献研究的内容，本书将高级管理人员界定为董事会成员、总经理、总裁、副总经理、副总裁、财务总监、总工程师、总经济师、董事会秘书和监事会成员。

此外，为深入探讨内部薪酬差距对企业全要素生产率的影响，本书参考陈震（2012）与邵剑兵等（2014）等相关文献的研究内容，将高级管理人员进一步划分为核心高级管理人员与非核心高级管理人员。具体而言，本书参考上述相关研究的研究内容，将CEO界定为核心高级管理人员，其他高级管理人员界定为非核心高级管理人员。同时，将上述高级管理人员之外的员工界定为上市公司的普通员工。

1.2.2 内部薪酬差距

内部薪酬差距反映了不同个体或群体间收入的差异（Lazear和Rosen，1981；林浚清等，2003；张正堂，2007）。从理论上看，个体的收入应该是其劳动所得，是人力资本的回报，由年龄、性别、职位、能力和教育背景等个体因素所决定。但现实中，内部薪酬差距通常会受到国家宏观政策、地区、行业等非人力资本因素的影响。

按照与微观企业是否存在直接关系的原则，现有相关研究将企业薪酬差距分为内部薪酬差距与外部薪酬差距；企业间薪酬差距以及宏观层面上的薪酬差距通常指的是外部薪酬差距。由于国家宏观政策、地区特征、行业特征等因素会对宏观层面的薪酬差距产生较大影响，所以表现城乡间、地区间、行业间收入水平的不同的宏观薪酬差距在一般情况下并不与个别企业的薪酬情况进行比较。企业间薪酬差距多是以同行业其他企业为参照对象，属于行业内、企业外的员工薪酬比较。吴联生等（2010）从产权性质的研究视角，探讨了外部薪酬差距对企业业绩的影响。依据锦标赛理论的相关内容，内部薪酬差距在一定程度上可以激发员工的效率，既体现了薪酬分配的公平性又呈现了激励竞争的作用，主要包括高管团队之间薪酬差距以及高管与员工之间薪酬差距。本书根据现有相关的主要研究文献，将内部薪酬差距界定为高管团队之间薪酬差距以及核心高管与普通员工之间薪酬差距。高管团队之间薪酬差距是指公司核心高管与非核心高管的薪酬差距；其中，考虑到上市公司高管薪酬数据的可得性，本书用公司CEO的薪酬作为核心高管薪酬，剔除核心高管外，其他高管的平均薪酬是非核心高管薪酬。用企业所有员工的薪酬扣除高管层薪酬后，再除以公司普通员工人数，就可以得到普通员工的平均薪酬。

1.2.3 企业全要素生产率

生产效率是经济学中的核心问题，衡量生产效率的核心指标就是生产率；而企业总产出中不能由要素投入解释的“剩余”形成了企业全要素生产率（Solow，1957）。企业全要素生产率作为一个经济概念的本质，其影响因素的研究备受关注（Farrel，1957；Kumar 和 Robert，2002；胡鞍钢等，2008）。覃家琦等（2009）提出企业全要素生产率不只能够进行宏观经济的判断，其结果与微观效率的判断也将保持一致。由此，如果以企业全要素生产率度量微观企业的效率并且坚持以微观为基础来判断宏观效率，将不存在微观与宏观的背离。

企业全要素生产率体现企业投入要素的平均产出水平。尽管现有相关研究将企业全要素生产率界定为衡量企业技术水平高低的指标，但其还包含了物质生产的知识水平以及制度环境，甚至计算误差等难以清晰衡量的因素。同时，企业全要素生产率是体现生产要素投入转换为产出效率的关键指标，并有助于揭露企业无法归因于有形要素投入的部分产出。具体而言，企业全要素生产率包括自主创新研发与组织效率等难以观测的因素。同时，企业全要素生产率能够反映企业根据市场行情配置生产要素的情况，动态反映企业应对市场信息变化的能力，从而能够成为衡量企业综合实力的关键指标。

从企业投入与产出的比值角度来衡量生产效率的话，可简单地区分为企业单要素生产率和企业全要素生产率。单要素生产率指的是企业特定生产要素的投入量与总产出量的比值，经济分析中经常使用的企业单要素生产率有劳动生产率和资本生产率。但特定要素的企业单要素生产率仅能反映企业特定生产要素视角下的生产效率，某种企业单要素生产率的增长率反映的也只是企业生产过程中对该要素的节约程度，但在实际生产中仅使用单一投入要素的情况极少，多种生产要素共同存在，并且以低效使用其他生产要素来节约某种特定生产要素的使用往往才是实际生产中的普遍情况。因此，单要素生产率的变动是无法对企业的总生产效率的变化进行有效的描述的。所以，与企业单要素生产率相比，企业全要素生产率可以更真实客观地反映企业使用生产要素和产出的综合情况，全面衡量企业全部生产要素的生产效率。因而，在后文的理论分析与实证检验中，所涉及的全要素生产效率均指企业全要素生产率。

1.2.4 人力资本

Williamson（1985）认为人力资本是一种具有人身依附性与无形性等特征的专用性资产，但上述特点导致度量其创新成果存在较大的困难，增加了劳务合约的不完全性以及复杂性。人力资本是企业所拥有资源的重要组成部分。人力资本包括重复发生的高度专用性交易，如会计与高级技工等；而在市场经济中，企业应采取相对长期的契约才可确保人力资本的价值。针对上述人力资本，若企业采用市场治理模式，则会导致其承受过高的交易成本。对于上述反复发生的交易，企业若采用长期契约不仅能够减少交易成本，而且能够有效防范相关风险（Klein 和 Philip，1978）。对于企业员工而言，长期契约能够有效确保其就业情况，有助于其在工作中投入更多的精力与时间，以获取较多的报酬。而对于企业而言，人力资本的长期契约能够有助于缓解经营风险。借助长期契约，企业可以拥有更加稳定与长期的人力资本，有助于企业在生产经营过程中持续具备相关的资源。然而，Richardson（1985）研究发现，由于个体不同，个体对风险的敏感程度有很大差别。即使同一交易，由于个体的差异对风险的感受也不一样。劳动者在现实的经济生产活动中常会由于工作不同在索取的溢价方面产生较大差异。在这种情况下，如何给予同样收益契约来满足差异个体的需求是十分困难的。同一种工作往往存在不同的治理结构，劳动者索取的溢价也大相径庭。鉴于此，本书依据人力资本理论，将内部薪酬差距进一步分解，以深入剖析不同的薪酬差距对企业全要素生产率的影响。

1.3 研究思路与研究方法

1.3.1 研究目标

1.总体研究目标

本书旨在探究内部薪酬差距对企业全要素生产率的影响，以及剖析内部薪酬差距上述作用的影响机制，并探讨企业异质性特征对内部薪酬差距上述作用的影响。

2.具体研究目标

内部薪酬差距是公司治理框架下不可缺少的激励机制，高管之间以及高管与员工之间薪酬差距是提高公司治理效率重要的途径。现有相关研究主要从会计业绩的研究视角，探讨内部薪酬差距对企业经营成果的影响。然而，一方面，公司的经营成果源自高管与员工的共同努力，以会计业绩代表企业的经营成果存在较大的局限性；另一方面，企业人力资本的复杂性要求内部薪酬差距对企业经营成果的影响亟待深入分析。

鉴于此，本书以内部薪酬差距为切入点，利用锦标赛理论与行为理论框架分析内部薪酬差距对企业全要素生产率的影响机制。在此基础上，一方面依据人力资本理论，深入剖析内部薪酬差距对企业全要素生产率的影响机制；另一方面探讨产权性质与CEO权力在内部薪酬差距上述影响中的作用。本书研究不仅弥补了现有理论研究的不足，而且为完善中国企业以及相关监管部门进一步提升内部薪酬差距的激励作用提供了一定的理论参考。

本书的具体研究目标包括以下三项内容：

（1）探索内部薪酬差距对企业全要素生产率的影响，分析不同内部薪酬差距带来的影响效果。

（2）细化内部薪酬差距研究。为了识别内部薪酬差距对企业全要素生产率激励的机制，将高管与员工之间薪酬差距拆分为高管薪酬溢价与员工薪酬溢价的激励效应，将高管之间薪酬差距分解为核心高管薪酬溢价与非核心高管薪酬溢价的激励效应，并分别探讨不同群体的薪酬溢价对于企业全要素生产率所产生的作用效果。

（3）从企业产权性质与CEO权力这两个角度，来考察内部薪酬差距对企业全要素生产率影响中的调节效应。

1.3.2 研究思路与研究框架

1.研究思路

聚焦于探讨内部薪酬差距对企业全要素生产率影响的研究目标，本书的研究思路如下：

第一层次，研究基础。通过对现有相关文献现状的梳理与分析，对于现有研究潜在的不足，得出研究意义、目标与内容。

第二层次，理论研究。本书依据锦标赛理论以及行为理论两个基本理论，并结合人力资本理论、产权理论以及管理层权力理论等理论基础，通过理论分析内部薪酬差距对企业全要素生产率影响的基本机理及其内在机制，探讨企业异质性特征对内部薪酬差距与企业全要素生产率关系的调节效应。

第三层次，实证检验。内部薪酬差距是相关理论研究与管理实践中的热点与难点，且不同理论的交叉增添了其对企业全要素生产率影响检验的难度。本部分研究内部薪酬差距对企业全要素生产率的影响效果，为识别内部薪酬差距对企业全要素生产率激励的机制，本书将高管与员工之间薪酬差距分解为高管薪酬溢价与员工薪酬溢价的激励效应，将高管之间薪酬溢价拆分为核心高管薪酬溢价与非核心高管薪酬溢价的激励效应，分别探讨不同群体的薪酬溢价对企业全要素生产率所产生的作用效果。在此基础上，本书进一步探索企业异质性特征中的产权性质以及CEO权力在内部薪酬差距上述影响中的调节效应。

第四层次，总结全书并提出相关政策建议与研究不足。

2.研究框架

本书研究框架具体如下：

第1章，绪论，主要包括研究背景、研究意义与目标和创新等内容。

第2章，文献综述。本章按照规范的文献统计方法，梳理现有相关文献。首先，回顾内部薪酬差距经济后果的基本内容，并总结现有相关研究的结论；其次，综述企业全要素生产率影响因素的相关文献；再次，梳理内部薪酬差距对企业全要素生产率影响的研究现状，进一步综述内部薪酬差距对经济后果的影响；最后，评述现有研究，阐释现有研究的不足与本书的研究方向。

第3章，理论基础与理论框架。锦标赛理论、行为理论、人力资本理论、产权理论以及管理层权力理论是支撑本书研究的基本理论，本书试图从理论层面深入解读内部薪酬差距对企业全要素生产率的影响，并分析产权性质与CEO权力的特征影响上述内部薪酬差距作用的基本逻辑关系，为后续研究提供支持。

第4章，内部薪酬差距对企业全要素生产率的影响。锦标赛理论与行为理论构成了本书研究内部薪酬差距的经济行为与经济后果的理论根基。这两种理论分别解释了内部薪酬差距对企业经营效果产生的影响。本章借助上述两个理论，实证检验内部薪酬差距中高管之间以及高管与员工之间薪酬差距分别对企业全要素生产率的影响。

第5章，内部薪酬差距对企业全要素生产率的影响机制。人力资本理论认为收入差距源自个人不同的生产效率。经过选拔、培训入职的企业技术工人，在生产工作中专业技术不断提高会提升生产效率。因为高管团队成员普遍受到过良好的教育并具有较高的个人素养，高管团队作为企业的无形资产能够增强企业的竞争力与提升企业价值，所以不同类型的人力资本都会对企业全要素生产率产生积极作用。本书将高管与员工之间薪酬差距分解为高管薪酬溢价与员工薪酬溢价，将高管之间薪酬差距拆分为核心高管薪酬溢价与非核心高管薪酬溢价，进而探讨不同的人力资本对企业全要素生产率的影响，并比较上述影响是否存在显著差异。

第6章，异质性特征在内部薪酬差距对企业全要素生产率影响中的作用。产权制度的差异构造了不同的激励制度，进而影响企业的行为，CEO在企业的运营中具有关键作用，是公司日常运营的最高负责人，与公司运营的成败具有直接关系。因而，本章从产权性质与CEO权力角度进行分析，探究上述两个异质性特征对内部薪酬差距与企业全要素生产率两者关系的影响。

第7章，研究结论与政策建议，以及研究不足与未来研究方向。

本书的研究框架如图1-1所示。

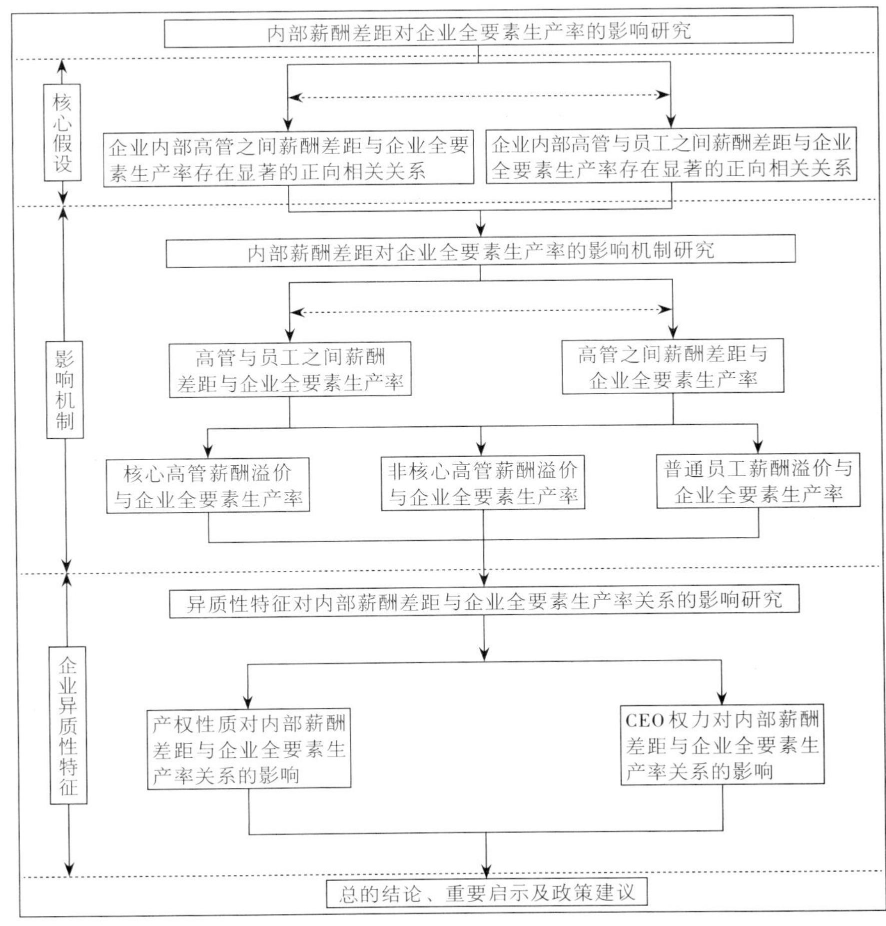

图1-1　本书的研究框架图

1.3.3 研究方法和技术路线

1.研究方法

本书研究方法具体包括以下内容：

第一，规范研究与实证研究相结合。规范研究主要结合现实国情和经济现象，基于对相关文献的回顾和述评，推演内部薪酬差距对企业全要素生产率的影响，并剖析内部薪酬差距对企业全要素生产率影响的内在影响机制。规范研究受限于主观逻辑的特点会导致其偏离客观的现实环境。本书为增强研究结论的可靠性与合理性，以计量经济学为基础，并运用数理统计研究，通过统计分析软件和方法来克服规范研究方法的不足。

第二，定性研究与定量研究相结合。关于内部薪酬差距、产权性质以及CEO权力与企业全要素生产率之间关系的研究，为确保研究结论的科学性，分别借助定性分析来剖析相关影响机制，同时依托定量分析来佐证上述影响机理。其中，定性分析的研究起点和基础主要以理论和现有文献研究为主，推导企业异质性特征对内部薪酬差距产生的影响以及在上述影响中的作用。本书的定量分析是在定性分析的基础上进行检验的。采用多元回归分析等方法对收集的相关数据进行统计分析并借助Stata14.0统计软件，对相关假设进行进一步的分析检验。

2.技术路线图

本书的技术路线具体如图1-2所示。

本书提出了需要解决的三个重要问题：(1) 内部薪酬差距对企业全要素生产率有何种影响；(2) 识别内部薪酬差距引发企业全要素生产率提升的激励机制；(3) 辨析企业异质性特征在内部薪酬差距对企业全要素生产率影响中的作用。

图1-2分为四个层次，每个层级要解决的问题与其采用的方法相对应。内部薪酬差距如何影响企业全要素生产率作为本书的核心假说，是层次一与层次二要解决的问题。层次三主要是本书的实证检验部分。在层次三中，本书率先综合运用了相关性分析法、单变量分析法以及面板数据回归法对企业中高管与员工之间薪酬差距和高管之间薪酬差距分别

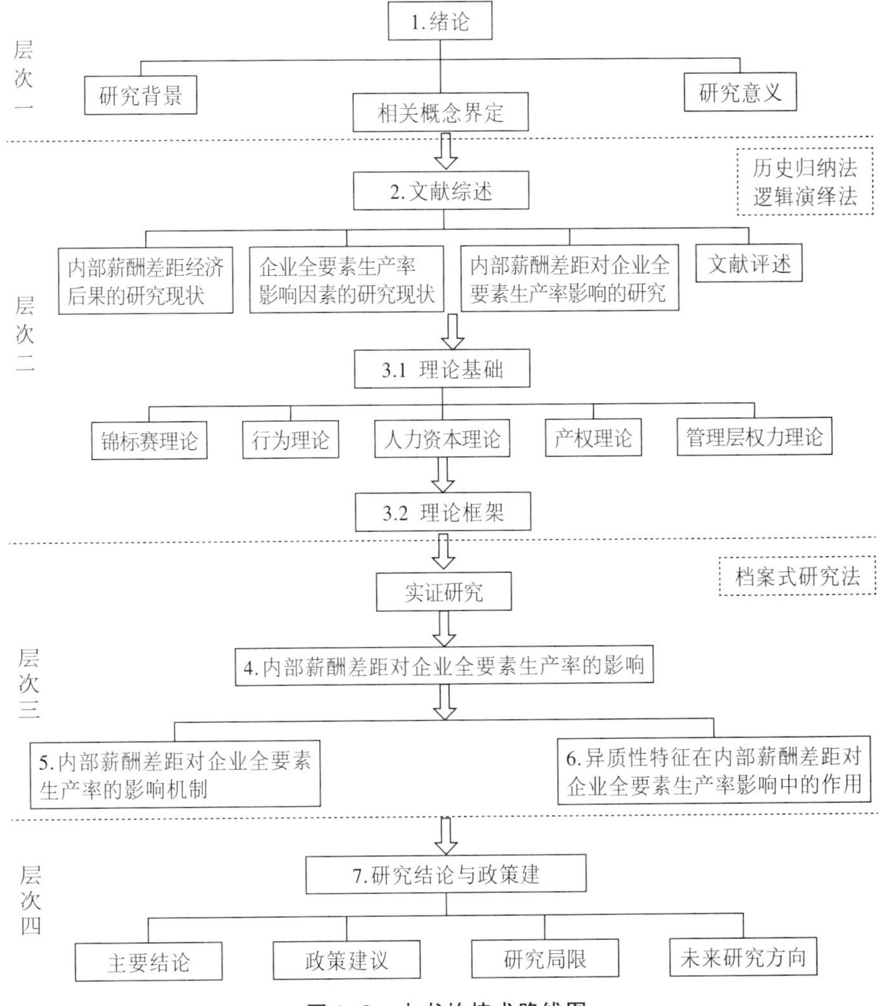

图 1-2 本书的技术路线图

进行检验，验证二者与企业全要素生产率的关系。其后，层次三主要考察内部薪酬差距对企业全要素生产率的影响机制。具体而言，我们探讨内部薪酬差距影响企业全要素生产率的内在机制。为识别内部薪酬差距引发的企业全要素生产率激励的机制，本书将高管与员工群体划分为高管群体与员工群体，高管层细分为核心高管和非核心高管，分别探讨不同人力资本群体薪酬的企业全要素生产率的提升效应。最后，本书识别了异质性特征下内部薪酬差距对企业全要素生产率的作用效果。本部分主要考察了企业产权性质以及CEO权力对内部薪酬差距与企业全要素生产率之间关系的影响。主要采用分组回归的方法来实现。

层次四主要概括了本书的研究结论、政策建议、研究局限以及未来研究方向。

1.4 主要创新点

第一，立足中国的制度背景，拓展内部薪酬差距经济后果的理论研究。大部分学者主要聚焦于资产报酬率等短期的财务指标来探讨内部薪酬差距对企业经营效率与效果的影响。本书则借助党的十九大报告指出提升全要素生产率的契机，考察内部薪酬差距对企业全要素生产率的影响，在一定程度上综合呈现内部薪酬差距对企业使用生产要素及其产出的影响，将弥补现有相关研究的不足。本书系统分析和检验了高管与员工之间薪酬差距、高管之间薪酬差距对企业全要素生产率的影响，同时，受益于中国上市公司强制披露管理层薪酬和员工薪酬的规定，借助人力资本理论，将高管薪酬与员工薪酬的激励效应分解，分别探讨高管薪酬溢价与员工薪酬溢价以及核心高管薪酬溢价与非核心高管薪酬溢价对企业全要素生产率所产生的作用效果，从而揭示内部薪酬差距对企业全要素生产率影响的作用机制。

第二，聚焦于内部薪酬差距的研究视角，系统拓展与深化企业全要素生产率影响因素的理论研究。相对于宏观经济的研究视角而言，现有相关学者从微观企业的研究视角探寻企业全要素生产率影响因素的研究较少。微观企业的技术水平与生产效率对整个经济体增长潜力与资源配置效率具有决定性的作用，是推动社会生产创新和技术进步的主要驱动者。因此，探究企业生产率水平影响因素就至关重要，而内部薪酬差距作为企业激励的重要内容，是平衡管理层、员工等利益相关者关系的关键。本书将弥补现有相关研究的不足，从企业内部角度探讨高管与员工之间薪酬差距以及高管之间薪酬差距对企业全要素生产率的影响，并将揭露上述影响的内在机制，从而系统与全面深化内部薪酬差距对企业全要素生产率影响的理论研究。

第三，深化企业异质性特征在内部薪酬差距对企业全要素生产率影响的研究。在中国处于经济转轨阶段和一系列“限薪令”相继出台的背景下，国有企业的内部薪酬差距会受到严格的限制；同时，中国企业的公司治理尚处于完善阶段，高管能够借助自身的权力与影响通过拉大内部薪酬差距满足其获取私有收益的目标。本书试图从企业异质性特征的角度，探讨产权性质与CEO权力在内部薪酬差距对企业全要素生产率影响中的调节效应，从而丰富内部薪酬差距对企业全要素生产率影响的理论研究。

2 文献综述

本书的文献综述分为以下四个部分：第一部分梳理关于内部薪酬差距经济后果的相关研究，第二部分阐明关于企业全要素生产率影响因素的相关研究，第三部分回顾现有研究中，高管薪酬对企业全要素生产率的影响，第四部分阐述对现有相关文献的研究评述。

2.1 内部薪酬差距经济后果的相关研究

薪酬契约是激发高管工作效率的重要手段（Jensen 和 Meckling，1976；Jensen 和 Murphy，1990），而内部薪酬差距是高管薪酬理论研究的重要内容，对企业的经济行为产生广泛的影响（张必武和石金涛，2005；周宏和张巍，2010；步丹璐等，2010），尤其在处于经济转轨阶段的中国，在推进市场化改革与国有企业改革过程中，将高管薪酬与经营业绩紧密挂钩的薪酬体系改革有效地打破“平均主义”与“大锅饭”思想（刘璞和井润田，2008；李维安等，2010；吴育辉和吴世农，2010；周静和辛清泉，2017；任广乾，2017）。党的十九大报告重申要促进收入分配更合理以及更有序。自改革开放以来，过大的内部薪酬差距却加大了社会的贫富差距，损害了“共享发展成果”的分配原则。在此背景下，国家的相关监管部门为防止贫富差距过大而颁布一系列“限薪令”。可见，薪酬差距激励后果产生的争议是促使监管机构屡次改革薪酬政策的原因。鉴于此，内部薪酬差距经济后果受到相关学者的广泛关注。

在理论研究领域，相关学者主要依据锦标赛理论与行为理论两种竞争性的理论，探讨内部薪酬差距的经济后果，并分别获取相应的微观经验证据。锦标赛理论认为内部薪酬差距能够显著提升企业管理经营的效率与效果，强调内部薪酬差距能够激发企业高管与员工的工作积极性，即承认企业经营业绩的提高来自其薪酬的竞争性。

加大内部薪酬差距能够提升各类员工积极性的原因在于锦标赛理论认为，作为内部顺序晋升比赛中的参与者，企业职工对于薪酬的变动是十分敏感的。内部薪酬差距扩大会降低对高管的监督成本，而且内部薪酬差距会激发低层级员工的努力程度与工作积极性，从而优化企业内部的资源配置。

而行为理论在解释加大内部薪酬差距反而会显著降低企业管理经营效率与效果的原因方面包括相对剥削理论、组织政治学理论和分配偏好理论三个内容。虽然解释的角度有所不同，但是其都认为企业内部存在较大内部薪酬差距会给企业的日常经营带来严重的负面影响（黄辉，2010；罗昆，2015；吴成颂和周炜，2016），尤其是伴随着2008年全球金融危机的爆发，上市公司高管薪酬披露制度在我国的逐步完善，薪酬与宏观经济增长相悖等不公平现象引起公众怀疑，过大的内部薪酬差距是否已成为高管获取私有收益的重要手段，上述问题也引发了相关理论研究领域重新审视内部薪酬差距经济后果的理论研究。

1.经营业绩

经营业绩是对内部薪酬差距的经济后果研究的重要议题。对于内部薪酬差距对企业经营业绩的影响现有相关研究主要基于两种竞争性理论：锦标赛理论和行为理论，通过对上述理论的分析获得相关的经验证据。

依据锦标赛理论，现有相关研究认为内部薪酬差距之所以能够视为一种激励机制，在于其能够激发企业员工的工作努力程度与积极性，从而拉动企业经营业绩的增长。然而，依据行为理论的内容，相关学者研究发现内部薪酬差距的加大会导致不公平的问题，反而会降低员工的努力程度与工作的积极性。因而，上述研究结果可以概括以下竞争的两种观点：一是支持锦标赛理论，认为内部薪酬差距存在正向的激励效果；二是支持行为理论，认为内部薪酬差距反而存在负向的激励效果。

但值得注意的是，部分学者认为在中国经济转轨的阶段中，国有企业的内部薪酬差距对经营业绩的影响并非线性的关系，并获取了内部薪酬差距对经营业绩的影响实际上是正负效应并存的微观经验证据。高良谋和卢建词（2015）研究发现，在国有企业中，内部薪酬差距与经营业绩之间存在显著的倒U形的曲线关系，即当内部薪酬差距不大时，加大内部薪酬差距能够产生较好的激励效果，但内部薪酬差距过大则会对经营业绩产生显著的负效应。此外，也有少数研究认为，内部薪酬差距与经营业绩间关系不明显。以下分别对上述几种观点进行回顾和评述。

支持锦标赛理论的学者认为加大内部薪酬差距提升企业经营业绩的原理与比赛的奖金影响选手的积极性相似。Bull（1987）曾经以实验的研究方法，探讨锦标赛理论对参赛者行为的影响，研究发现，锦标赛理论的相关内容得到了有效的印证，即在锦标赛式的薪酬机制下，实验者的努力程度会随着薪酬差距的加大而显著增加。Becker 和 Huselid（1992）借助赛车比赛的数据进一步获取了锦标赛理论的微观经验证据，研究发现，若将赛车手分为先到达者和后到达者两类，赋予他们的奖金存在较大的差异，该差异与他们的成绩存在较大的关系，而此薪酬差距的设置会显著激发参赛者的成绩。

随着市场经济的发展，内部薪酬差距逐步成为企业管理实践中的热点与难点，因而，相关学者逐步将锦标赛理论引入公司治理的理论研究领域。Main 等（1993）借助锦标赛理论，实证检验了内部薪酬差距对企业相关会计指标的影响，研究发现，内部薪酬差距的增加显著提升了企业的总资产收益率以及股票收益率，且高管规模的扩大会进一步提升内部薪酬差距对相关会计指标的影响。Henderson 和 Fredrickson（2001）

深入探讨内部薪酬差距的激励作用，进一步将样本企业依据内部薪酬差距的大小分为三组，研究发现，内部薪酬差距最大的小组中，其总资产收益率最高，从而支持了锦标赛理论。

Lee 等（2008）以股票市场的表现作为经营业绩的度量变量，实证检验了内部薪酬差距的激励作用，研究发现，内部薪酬差距的增加显著提高了企业的股票价格与 Tobin Q 等相关股票市场指标。Kale 等（2009）则在此基础上，进一步聚焦于总经理和副总经理之间薪酬差距的研究视角，获取了内部薪酬差距的正向激励作用，且在总经理临近退休时从内部晋升总经理的情况会提升其激励的效果。然而，上述研究主要将内部薪酬差距的范畴局限于高管之间，相关学者进一步考察了高管与员工之间薪酬差距对企业经营业绩的影响。

Jirjahn 和 Kraft（2008）在获取内部薪酬差距显著提升企业经营业绩的微观经验的基础上，进一步研究发现员工之间薪酬差距与经营业绩之间并不存在显著的相关关系，而内部薪酬差距的激励作用会受限于企业的激励方案以及工资制度等多重因素。Faleye 等（2013）的研究结论进一步支持了内部薪酬差距的扩大能够激发员工的工作积极性与努力程度，会显著提升企业的经营业绩。

在此基础上，Connelly 等（2012）将企业的经营业绩分为短期业绩和长期业绩两个方面，研究发现高管与员工之间薪酬差距会显著提升企业的短期经营业绩，却显著降低了企业的长期经营业绩。处于经济转轨阶段的中国，相关学者获取支持锦标赛理论的微观经验的研究结论居多。林浚清等（2003）检验了高管内部薪酬差距对企业未来价值的影响，研究结论支持了锦标赛理论的相关内容。张鸣和陈震（2006）进一步聚焦于成长性的研究视角，研究发现，在成长性的企业中，高管之间薪酬差距与市场业绩显著正相关，而在低成长性公司中，内部薪酬差距却与企业的会计业绩显著正相关。刘春和孙亮（2010）研究发现，拉开高管与员工之间的薪酬差距会带来企业价值的提升，但市场化程度对内部薪酬差距对经营业绩的影响具有显著的调节效应。梁彤缨等（2013）认为，高管团队薪酬差距与公司绩效存在显著的正相关关系，符合锦标赛理论。但高管团队薪酬差距与公司绩效之间关系会受到高管团队整体薪酬水平的影响，当高管团队的整体薪酬水平提升时，激励效应随薪酬水平上升而逐渐增强，高管团队的投入产出也相对更高，公司绩效表现也更好。陈汉文和黄轩昊（2019）研究发现，锦标赛理论激励作用会在有效的内部控制帮助下促进薪酬差距对企业价值的积极作用。梁上坤等（2019）结合生命周期进行了考察，结论证明，总体上我国上市公司的内部薪酬差距有利于提升公司价值，支持了锦标赛理论。

尽管上述相关学者获取了内部薪酬差距在锦标赛理论方面的微观经验证据，但也有学者研究发现内部薪酬差距会显著降低企业的经营业绩，即支持了行为理论（沈艺峰和李培功，2010；祁怀锦和邹燕，2014）。Adams（1965）从组织内部公平的研究视角，分析了内部薪酬差距的负面影响，认为相对于薪酬的数量而言，员工会更加关心其与高管的薪酬差距，且其认为内部薪酬差距过大时，员工的工作积极性会受到较大的打击，诱发员工消极怠工的情况。Bloom 等（2002）认为内部薪酬差距的增大会诱发更多的员工离职，以及降低企业的研发创新能力（Yanadori 和 Cui，2013）。

Cowherd 和 Levine（1992）进一步聚焦于高管与员工之间薪酬差距的研究视角，认为内部薪酬差距所诱发的不公平感主要体现在员工会产生被剥削的感觉，会出现偷懒与消极怠工等行为。不同于上述不公平感的研究视角，Leventhal（1980）则认为强调内部薪酬差距并非优于相对均等的薪酬报酬，尤其在企业处于较为和谐的社会环境中，当无法准确区分与计量员工个人的边际产出时，拉大内部薪酬差距反而会侵害企业的经营业绩。Milgrom 和 Roberts（1988）以组织政治学的角度分析了内部薪酬差距的负面激励效果，认为较大的内部薪酬差距是高管获取私有收益的结果，尽管部分研究结论肯定了内部薪酬差距的积极效果，但员工若认为内部薪酬差距是出于私有收益的考虑，则会增加员工从事政治阴谋的猜想，从而扰乱企业的和谐环境。

Cowherd 和 Levine（1992）进一步研究发现内部薪酬差距的增加会显著加大员工被剥削的感觉，而员工的被剥削感会导致其消极怠工的情绪，甚至会诱发其罢工或蓄意破坏企业的生产经营活动，从而对企业经营业绩产生不利的影响。Siegel 等（2005）认为尽管内部薪酬差距会强化员工之间的竞争意识，但内部薪酬差距更多的是加剧了员工之间的隔阂与降低他们的沟通效果，即其激励的正向效应并非有助于企业经营业绩的增加。Grund 等（2008）以丹麦企业为样本，研究发现内部薪酬差距也显著降低了其经营业绩，尤其在白领员工之中，内部薪酬激励的负向激励效应更强。Martins（2008）借助葡萄牙企业的样本数据，也得到了内部薪酬差距在行为理论下的微观经验证据。

Faleye 等（2010）则拓展了企业经营业绩的范畴，以劳动生产率作为衡量企业经营业绩的变量，探讨内部薪酬差距对其经营业绩的影响，研究发现，两者之间存在显著的负向相关关系，且工会力量的增长会显著加强内部薪酬差距对劳动生产率的削弱作用。Fredrickson 等（2010）则以管理人员之间薪酬差距为研究视角，认为高管之间薪酬差距会恶化企业未来的经营业绩，且股价波动幅度的增加会显著加强内部薪酬差距降低未来经营业绩的影响。张正堂（2007）则立足于儒家文化的研究视角，认为锦标赛理论对中国上市公司内部薪酬差距的解释力比较局限，没有行为理论实用。

在此基础上，张正堂（2008）获取了内部薪酬差距的加剧会显著损害企业未来经营业绩的微观经验证据。廖理等（2009）认为内部薪酬差距具有正向的激励作用，且当业绩噪声较大时，其激励作用更好。李绍龙等（2017）研究发现同一层级的高管由于更具有相似性而容易发生薪酬比较；且该思想在中国的传统文化中占据着重要的位置，因而，内部薪酬差距的加大会显著降低企业的经营业绩。步丹璐和王晓艳（2014）基于政府补助的研究视角，发现政府补助特别是软约束补助显著地削弱了内部薪酬差距与企业经营业绩之间的正向关系。

然而，随着市场经济竞争的愈演愈烈，形成内部薪酬差距的诱因也变得愈发复杂，部分学者开始将锦标赛理论和行为理论结合起来对内部薪酬差距的经济后果进行分析。Bingley 和 Eriksson（2001）基于上述两种竞争性的理论，探讨内部薪酬差距对企业经营业绩的影响，研究发现内部薪酬差距对企业生产效率的影响呈现倒U形的轨迹，只有内部薪酬差距处于恰当的范围才可发挥其对员工的激励作用。

Ridge 等（2015）进一步依据锦标赛理论与行为理论的相关内容深

入探讨内部薪酬差距的激励作用。研究发现，当内部薪酬差距较小时，行为理论对其激励效果的解释更强，而随着内部薪酬差距的继续扩大，锦标赛理论对其激励效果的解释力则逐渐占据主导地位。

Gupta等（2012）认为锦标赛理论和行为理论并非替代的关系，两者是互补与统一的关系，但在解释内部薪酬差距激励效果是否占据主导地位则依据企业的具体经营环境特点，这会导致内部薪酬差距所带来的具体后果尚未有定论，必须结合实际情况进行分析。在此背景下，Trevor等（2012）则认为内部薪酬差距对于与生产率相关的员工会产生明显的甄选和激励效应，所以导致了内部薪酬差距对经营业绩影响的复杂性。

鉴于上述研究对于锦标赛理论与行为理论并存获取的经验证据，部分学者通过二次曲线回归后发现，内部薪酬差距与企业业绩之间表现出明显的倒U形关系，开始时内部薪酬差距有利于经营业绩的提升，但过大的内部薪酬差距会带来经营业绩下降（石永拴和杨红芬，2013；陈丁和张顺，2010）。黎文靖和胡玉明（2012）在考察高管与员工间内部薪酬差距对企业投资效率和员工生产效率的影响后指出，国有企业内部薪酬差距对高管和员工有着不同的激励效应，内部薪酬差距越大，企业投资效率越低，生产效率越高，这就意味着内部薪酬差距激励的可能不是高管。王建军（2015），提出适当提高国有企业高管团队内部薪酬差距能够抑制公司的非效率投资，并且对过度投资也有抑制作用。

在经济转轨阶段的中国，面对复杂与不断变化的国有企业薪酬改革政策，高良谋和卢建词（2015）认为国有企业内部薪酬差距对经营业绩存在非对称影响，研究发现其激励作用表现为边际递减的门限特征。郝东洋（2016）在内部薪酬差距与公司经营绩效整体呈现倒U形关系的基础上，认为其拐点会与市场竞争程度呈现显著的相关关系，即市场竞争程度的提升会显著迫使其拐点右偏；因而，上述研究结果表明企业内部薪酬差距的变动会受到产品市场竞争程度的影响。

2.盈余管理

现有相关研究认为盈余管理是内部薪酬差距所诱发的经济后果之一，尤其在中国经济转轨阶段，薪酬激励是导致盈余管理的一大诱因，内部薪酬差距对盈余管理的影响也得到了相关学者的关注。俞震和冯巧根（2010）考察了内部薪酬差距与盈余管理的关系，研究发现高管内部薪酬差距的加大显著增加了企业盈余管理行为，研究结论支持了盈余管理的薪酬契约假说，即高管加大内部薪酬差距获取私有收益的动机会加剧其盈余管理行为。

基于公平理论的研究视角，玄文琪（2012）认为内部薪酬差距直接影响其盈余管理程度；同时，产权性质在此影响中存在显著的负向调节效应。随着国有企业薪酬制度改革的推进，一系列“限薪令”与不断优化国有企业负责人考核的制度相继出台，探讨内部薪酬差距对盈余管理的影响吸引了更多学者的广泛关注。

聚焦于股权集中程度与高管权力的研究视角，杨志强和王华（2014）研究发现，较高的股权集中度能够有效缓解内部薪酬差距加剧盈余管理的影响，而高管权力则显著加剧了内部薪酬差距的上述影响。鉴于推进市场化程度是实现改革开放的重要举措，张泽南和马永强（2014）探讨了市场化进程在内部薪酬差距对盈余管理影响中的作用，研究结果证实了市场化进程对两者关系影响的调节作用，即市场化进程越高，内部薪酬差距对盈余管理正向影响更为显著，但在国有企业中市场化程度的影响程度却显著低于非国有企业。马俊峰和徐永乐（2015）研究发现会计盈余对企业内部薪酬差距合理性产生影响。经营活动现金流对企业内部的薪酬差距有正向影响，体现出我国上市公司企业内部薪酬差距的合理性。杨薇和孔东民（2019）研究发现，企业内部薪酬差距显著降低了盈余管理水平，同时，外部监督机制和管理者薪酬机制发挥了显著的作用。

3.风险承担

依据锦标赛理论的相关内容，相关学者认为内部薪酬差距促进企业经营业绩增长的重要路径是增进了企业的风险承担水平，因而，探讨内部薪酬差距对企业风险承担的影响引起了相关学者的重视。Gole 和 Thakor（2008）首次借助锦标赛理论，剖析内部薪酬差距对企业风险承担的影响，其在研究中搭建了激励效用对企业风险承担影响的理论模型，并假定该模型中董事会聘任CEO时将经营业绩作为其评价标准；高管在追求个人突出业绩的过程中，常会选择风险更高的项目来提升业绩从而获得晋升的可能。Omesh 和 Ryan（2012）研究发现企业的风险承担水平会随着内部薪酬差距的扩大而上升；且内部薪酬差距较大时，企业不仅会有较高的研发支出和业务的集中度，财务杠杆的比率也增加。

鲁海帆（2011）研究发现，从薪酬差距对业绩的激励作用角度看，高管团队薪酬差距的扩大会伴随着风险的提升，对公司未来业绩产生先抑制后促进的作用。范睿（2012）研究发现内部薪酬差距会显著影响上市公司的现金流波动率、股价波动率，从而增加公司风险。刘思彤等（2018）运用前景理论支持高管内部薪酬差距与企业风险承担负相关，管理者能力能够改善高管内部薪酬差距与企业风险承担之间的负向关系。

4.创新活动

创新活动是企业重要的经济活动，受到相关学者的广泛关注，其中，探讨薪酬激励对创新活动的影响成为相关学者研究的重点与热点（唐清泉等，2009；李春涛和宋敏，2010；王燕妮，2011）。然而，相关学者所获取的研究结论并不统一，从而印证了锦标赛理论与行为理论在内部薪酬差距对创新活动影响中会并存以及其解释力也不断变化的客观情况。

孔东民等（2017）研究发现，高管与员工之间薪酬差距的加大会显著促进企业创新，但当薪酬差距过大时，上述影响并不显著，即总体获取了锦标赛理论的经验证据，但也存在行为理论的经验证据，特别是薪酬差距过大时，行为理论占据着主导解释力。牛建波等（2019）则研究发现，高管薪酬差距的扩大可以提升企业创新效率。具体表现为内部薪酬差距显著影响专利授予数，并且也显著影响企业的专利申请数。然而，吕巍和张书恺（2015）研究发现，内部薪酬差距和企业研发强度显著负相关，董事长和总经理两职合一、非CEO高管人数增加则在上述影响中存在显著的正向调节效应。翟淑萍等（2017）却借助高新企业的样本，获取了截然相反的结论，即支持了行为理论的相关内容。

在此背景下，相关学者也获取了内部薪酬差距与企业创新活动显著呈现倒U形的关系。Xu 等（2017）以及解维敏（2017）研究发现，内部薪酬差距与企业创新活动存在显著的倒U形关系，即当内部薪酬差距较小时，锦标赛理论的解释力更强，但内部薪酬差距较大时，行为理论的解释力则较强。杨婵等则基于高层－中层和中层－基层的研究视角发现，两种薪酬差距与新创企业创新精神之间均呈显著的倒U形关系。同时，Sheikh（2017）研究发现，CEO的薪酬提高会显著提升企业创新的情况只有在CEO的薪酬高于同行薪酬的中位数时才成立。

5. 内部薪酬差距的其他经济后果

随着内部薪酬差距理论研究的发展，相关学者不断拓展了内部薪酬差距经济后果的理论研究。Chen 等（2013）基于权益资本成本的研究视角，拓展了内部薪酬差距的理论研究，研究发现，内部薪酬差距的增加会显著加大企业的权益资本成本。雷霆和周嘉南（2014）进一步将股权激励引入到内部薪酬差距对权益资本成本影响的理论研究，发现在股权激励下，内部薪酬差距会显著增加权益资本成本，且国有产权性质在内部薪酬差距上述的影响中存在显著的正向调节效应。

刘美玉和姜磊（2019）研究发现，高管内部薪酬差距与企业投资效率正相关，并存在倒U形关系；高管的股权激励水平提高了企业的投资效率，但是弱化了高管内部薪酬差距对投资效率的提升作用。潘镇等（2016）研究认为，追求战略差异的企业应控制高管团队薪酬差距，其原因在于高管之间薪酬差距的增加会显著阻碍高管的决策积极性及其协作意愿，上述影响会削弱企业的经营效率。钟熙等（2019）从企业研发投入的角度出发，认为高管之间的薪酬差距会显著降低研发投入，即薪酬相对较低的高管会愈加有不公平感，从而产生消极怠工的情况，抑制研发投入。杨婵等（2017）从新创企业的薪酬激励视角出发，提出垂直薪酬差距与新创企业的创新精神之间呈显著的倒U形关系，即新创企业的创新精神随着垂直薪酬差距的扩大呈现先上升后下降的趋势。

步丹璐和白晓丹（2013）则从离职率的研究视角，认为内部薪酬差距与离职率显著正相关，即内部薪酬差距的增加会显著增加企业的离职率，同时国有产权性质在上述影响中具有显著的负向调节效应。贺伟和篙坡（2014）认为整体来说部门薪酬差异并不会对员工情感承诺造成显著的负面影响，而这种负面效应仅仅在薪酬水平较低、雇员多元化程度较低和绩效薪酬强度较低的情况下存在。缪毅和胡奕明（2016）从晋升的研究视角，借助锦标赛理论的相关内容，研究发现，内部薪酬差距与员工的晋升激励强度显著正相关，因而，通过扩大内部薪酬差距能够有效促进员工晋升的动机。

宁夏和董艳（2014）则从公司成长性的研究视角发现，薪酬激励与企业成长性的关系，具体而言，内部薪酬差距的加大会显著侵害企业的成长性，即获取了行为理论的相关经验证据。

张蕊和管考磊（2016）考察了薪酬差距对侵占型职务犯罪的影响，提出在法治水平较低地区的企业和自由现金流较多的企业，内部薪酬差距越小，高管实施侵占型职务犯罪的可能性越大。魏芳和耿修林（2018）基于企业违规行为的研究视角，探讨内部薪酬差距的经济后果，认为高管之间薪酬差距的加大会显著诱发其获取私有收益，加剧了高管违规的动机与意愿，从而会加剧其借助违规活动谋取私有收益的行为。

2.2 企业全要素生产率影响因素的相关研究

企业全要素生产率是衡量国家经济发展质量的重要内容（杨汝岱和姚洋徐，2008；朝阳和林毅夫，2010；杨高举和黄先海，2014；姚毓春等，2014；袁礼和欧阳峣，2018）。中国经济自改革开放以来，持续保持着高速增长的态势，被誉为“中国经济增长之谜”，而中国所获得的成就早已成为世界各国关注的焦点。为深入探寻中国经济所获取的成就，诸多学者积极寻找拉动中国经济增长的驱动因素（谢千里等，2008；刘瑞翔和安同良，2011）。

相关研究表明在1987—2007年间，工业产业的增长成为驱动中国经济发展的重要源泉（鲁晓东和连玉君，2012）。在此背景下，剖析中国制造业企业全要素生产率增长的驱动因素能够有效揭开中国经济持续高速增长的深层动因，不仅有助于中国经济保持高速的增长趋势，而且为其他国家更好借鉴中国经济的发展经验推动自身的经济发展具有重要的研究价值（蔡昉，2011；戴天仕和徐现祥，2010；盖庆恩等，2015；戴魁早和刘友金，2016）。

尽管现有相关学者针对中国企业全要素生产率的相关问题做出了深入的探索，包括深入剖析企业全要素生产率的计算方法，并探讨其影响因素。然而，受限于企业全要素生产率的复杂性与模糊性，现有相关研究并未获取能够十分清晰刻画企业全要素生产率的相关指标，且其经济后果的理论基础也亟待深化。企业全要素生产率作为一个衡量企业生产效率的综合指标，是衡量企业生产经营效率与效果的关键指标。现有相关研究主要从企业的外部和内部两个研究视角，探寻企业全要素生产率增长的驱动因素。因而，本书也沿袭现有相关研究的内容，从企业的外部与内部两个维度，梳理与总结企业全要素生产率的影响因素。

1.外部因素

企业的外部因素主要聚焦于宏观经济和制度层面，探讨影响企业全要素生产率的驱动因素。依据现有相关文献的研究内容，可分为宏观经济环境、结构因素以及政府的管制程度。

对于宏观经济环境而言，影响企业全要素生产率的因素主要包括经济开放度、资源错置以及环境因素。首先，现有相关研究发现经济开放度的提升会显著促进企业全要素生产率（林毅夫和张鹏飞，2006；毛其淋和盛斌，2011）。毛其淋和盛斌（2011）认为，经济开放度体现在对外经济开放度和国内区域市场整合两个方面，其对企业全要素生产率的促进作用主要体现在推动其长期增长的趋势，且其与企业的出口贸易、人力资本的水平和地域密切相关。同时，企业全要素生产率的增长也会受益于贸易自由化程度的提升（邱斌等，2014），其中，贸易自由化程度促进企业全要素生产率提升的动因在于其有助于企业矫正要素市场扭曲和消除贸易壁垒（毛其淋，2013）。其次，资源错置也是影响企业全要素生产率的重要因素（张杰等，2011；龚关和胡关亮，2013；余泳泽和张先轸，2015；余东华等，2018）。Hsieh 和 Know（2009）认为资源错置会抑制生产率增长，但当地市场规模的增长却能够显著提高企业全要素生产率。在此基础上，相关学者拓展了资源错置的上述影响，研究发现企业所处行业、技术效率和资本密集度等因素均会导致资源错置对企业全要素生产率的不利影响（王林辉和董直庆，2012；陈丰龙和徐康宁，2012；邓明，2014；董直庆等，2014；孔宪丽等，2015；雷钦礼和徐家春，2015）。最后，相关研究发现环境也构成了影响企业全要素生产率的重要因素。李钢等（2012）认为尽管短期的环境规制不利于提升企业全要素生产率，但随着时间的推移，环境规制的不利影响会减弱，而其产生的环境治理作用会逐步推进企业全要素生产率的提升。李树和翁卫国（2014）研究发现，环境规制在不同的地区存在明显的地区差异，在市场化程度较高的东部地区，其环境规制所产生的绿色治理效果要明显好于中西部地区；且近年来环境规制政策对经济发展确实起到了积极作用，促进了企业全要素生产率的增长。

相关学者认为产业结构以及行业增长模式是影响企业全要素生产率的重要因素。对于产业结构而言，相关学者将其拆分为微观层面和宏观层面两个维度，来考察它们对企业全要素生产率的影响，且研究结论主要支持行业全要素生产率呈持续增长趋势的结论，同时，研究发现，其差异度呈收敛趋势，以及变动存在明显的企业异质性。Chen 等（2011）认为企业全要素生产率的变动和产业结构密切相关，研究发现，产业结构所诱发的“结构红利”能够促进企业全要素生产率增长和经济的可持续发展，但此“结构红利”对全要素生产率的积极作用会随着时间的推移不断减弱。

现有相关研究认为政府的行为必然影响着企业全要素生产率。当前对政府行为和企业全要素生产率变动关系的研究主要基于企业层面。郑兵云和陈沂（2010）认为政府与企业全要素生产率密切相关，研究发现自改革开放以来，中国企业度过了以资本驱动为主的发展阶段，在以创新驱动的集约型经济增长阶段，企业全要素生产率不断提升，有效率的资源配置是保证可持续增长的关键。邵敏和包群（2012）研究发现政府补贴会显著影响企业的全要素生产率，但两者具有显著的倒U形关系；即政府会给予在市场竞争中处于弱势与生产率较低的国有企业补贴，但政府补贴并不会与上述国有企业的全要素生产率呈简单的线性关系，而是当补贴较少时，政府补贴才可显著促进全要素生产率的增长而补贴达到一定程度后，政府补贴却会显著抑制全要素生产率的提升。宋凌云和王贤彬（2013）进一步研究发现，地方政府的产业政策会显著提升当地企业的全要素生产率。同时，余泳泽和武鹏（2010）认为推进市场化程度能够有效增强企业的研发投入，从而拉动企业全要素生产率的增长，但政府介入会削弱市场化程度提升的上述影响。

2.内部因素

现有相关文献研究发现，影响企业全要素生产率的内部因素主要集中在人力资本、研发投入与国际贸易三个方面。

Boekholt 等（2001）以人力资本结构的研究视角考察人力资本对企业全要素生产率的影响。在他们的研究中，Boekholt 等（2001）首先改善了人力资本结构的指标，借助赋予科技能力人才的资本溢出效应重新定义了该范围人力资本存量的基准，其中，上述人才主要包括具备高学历的专家或学者；在此基础上，利用参与生产活动中的人才占全部研发人员的情况重塑了人力资本存量结构指标。研究发现，纳入人力资本结构指标作为解释变量后，实证方程的拟合效果更有利于全方位评价人力资本对企业全要素生产率的影响。在此基础上，Castello 和 Domenech（2002）探讨了人力资本存量结构对于其他物质资本积累的间接效应。在研究中，他们研究发现人力资本存量显著影响投资率，且地区发达程度的提升在上述影响中存在显著的负向调节效应。因而，人力资本存量结构对全要素生产率的影响引起了相关学者的广泛关注。李晶莹和齐中英（2008）研究发现在中国，区域的人力资本程度也会显著影响全要素生产率，具体而言，区域人力资本发达程度的提升会显著促进该地区全要素生产率的提高。魏下海等（2011）进一步深入探索人力资本的平等性对全要素生产率的影响，他们研究发现区域人力资本的平等性对全要素生产率的增长至关重要，即当该区域的不平等性加大，该区域的全要素生产率会显著降低。

相对于上述相关文献获取高层次的人力资本存量有助于提升区域企业全要素生产率的微观经验证据而言，部分学者研究发现低层次人力资本存量积累却并不能有效提升企业全要素生产率。华萍（2005）借助 DEA 方法测算与分析了中国 29 个省区 1993—2001 年 Malmquist 指数，并据此构建了面板回归模型，以考察各省区的技术进步与效率改变对企业全要素生产率的影响，研究发现，地区教育水平的提升会显著提升区域的企业全要素生产率，同时对技术进步和效率改善都有正向的积极影响。在此基础上，彭国华（2007）借助1991—2005年中国28个省区的研究样本，研究结论进一步支持了高层次人力资本对企业全要素生产率水平产生显著的促进作用。

创新已成为推动中国经济的重要举措，吸引着学者的广泛关注，相关学者也相继聚焦于研发投入的视角，探讨其对企业全要素生产率的影响。谢建国和周露昭（2009）认为在以创新驱动的增长模式下，增加研发投入会显著提升企业全要素生产率。然而，相关学者也发现了不同的观点。夏良科（2010）认为人力资本有助于企业引入与吸纳先进的技术，从而优化企业的资源配置以及提升其生产效率，推进全要素生产率的提升。然而，毛德凤等（2013）则进一步研究发现，研发投入对全要素生产率的促进作用有限，即只有少数研发投入才可真正促进全要素生产率的提升。孙晓华和孙哲（2012）进一步基于国际贸易的研究视角，深化研究研发投入对企业全要素生产率的影响，他们在研究中将国际贸易渠道分为技术溢出和国内研发投入两个方面，但却发现研发投入并非会显著增进企业全要素生产率的提升。李静等（2013）认为研发投入对企业全要素生产率影响并不一致的原因可能在于短期的研发投入会给企业造成损失。研究认为，研发投入的国际溢出或国内研发投入都可促进全要素生产率的提升，但两者对全要素生产率提升作用往往存在交叉；因而，进一步研究发现，两者若结合，对国际溢出能起到促进作用，而国内研发投入却存在阻碍作用。因而，根据上述相关文献的研究结论可知，由于宏观、微观研究视角存在差异，研发投入相关研究结论并不统一。

不同于上述文献的研究内容，相关学者逐步从微观企业的研究视角，探讨国际贸易对企业全要素生产率的影响，并逐步成为国际经济学与发展经济学理论研究的热点与难点。现有相关研究主要从进口和出口贸易两方面探讨国际贸易对企业全要素生产率的影响（钱学锋等，2011）。在进口方面，大部分相关学者认为企业进口贸易会有助于企业全要素生产率的提升，具体而言其会形成进口贸易的传导机制促进企业加大研发投入，从而会对企业全要素生产率产生显著的促进作用（陈勇兵等，2012）。然而，部分学者也获取与上述研究结论相反的微观经验证据。黄繁华和高静（2013）却研究发现，进口贸易会损害企业全要素生产率，其原因在于进口贸易会诱发竞争效应，导致资源配置低效，扭曲企业进口的结构，从而不利于企业全要素生产率的提升。

Yang 和 Maltbk（2010）研究发现出口贸易能够有效促进企业全要素生产率的增长，即出口企业的企业全要素生产率及其增长率都会高于非出口企业；认为出口贸易具有上述影响的原因是出口贸易企业具有“自我选择效应”的能力，即较高生产率的企业才会主动选择进入出口市场，同时也具备“学习效应”，即出口贸易企业会在国际贸易中提升自身的生产经营能力。钱学锋等（2011）认为出口贸易会提升企业全要素生产率的原因在于出口贸易会加大企业的研发投入。其他相关学者也获取了生产率悖论的微观经验证据，即研究发现出口企业的生产率并没有高于非出口企业。范剑勇和冯猛（2013）研究发现，生产率悖论的原因在于出口企业存在大量的加工贸易业务，导致地方垄断对中国外资企业的诸多限制及政策引导；因而，在此背景下，过于重视出口加工贸易会挤占企业研发以及生产经营的资源，阻碍企业的长期发展，降低企业的生产效率，从而会降低全要素生产率。

2.3 内部薪酬差距对企业全要素生产率的影响研究

黎文靖和胡玉明（2012）创新地将职工的绩效单独分离出来，其认为企业全要素生产率已经是相对准确的员工经营业绩指标，研究发现，国有企业内部薪酬差距可能并不会显著激励高管。具体而言，企业内部薪酬差距越大，企业全要素生产率越高，即在一定程度上反映了内部薪酬差距对于国企职工有正向激励作用；进一步分析发现，内部薪酬差距与企业业绩的正向关系仅在内部薪酬差距较低样本中显著。

在此基础上，盛明泉等（2018）以及杨竹清和陆松开（2018）也探讨了内部薪酬差距对企业全要素生产率的影响，获取内部薪酬差距能够有助于企业提升全要素生产率的微观经验证据。盛明泉等（2018）从市场竞争的研究视角，深化了现有相关研究，研究发现，市场竞争的激烈程度在内部薪酬差距对企业全要素生产率的影响中存在显著的正向调节效用。而杨竹清和陆松开（2018）则聚焦于股权激励的研究视角，深化了内部薪酬差距的上述作用，认为股权激励在内部薪酬差距的上述影响中也存在显著的正向调节作用。

2.4 文献评述

综上所述，内部薪酬差距经济后果以及企业全要素生产率影响因素的理论研究均受到相关学者的广泛关注。在内部薪酬差距经济后果的研究领域，现有相关研究主要借助锦标赛理论与行为理论，探讨内部薪酬差距的经济后果，并从不同的研究视角，获取了不同的经验证据。而在企业全要素生产率影响因素的理论研究领域，相关学者尽管从企业内部与外部因素的研究视角，探讨了影响企业全要素生产率的因素，但仍亟待深入探讨微观企业的具体经济活动，挖掘企业全要素生产率的驱动因素。因而，在内部薪酬差距经济后果以及企业全要素生产率影响因素的理论研究领域中，现有相关研究仍存在较大的不足，具体可分为内部薪酬差距经济后果以及企业全要素生产率影响因素的理论研究两个方面。

在内部薪酬差距经济后果的理论研究方面，现有相关研究的不足主要体现在以下两个方面：一是，现有相关文献探讨内部薪酬差距经济后果的研究视角有待拓展。微观企业是奠定社会经济的根基，而内部薪酬差距既是管理经营的难点，也是经济学与管理学领域研究的热点。但现有相关研究仍局限于财务的研究视角，探讨内部薪酬差距的经济后果。二是，揭示内部薪酬差距对其经济后果的影响路径并未得到相关学者的广泛关注。自改革开放以来，中国企业的薪酬制度改革如火如荼，且中国制度因素较为特殊，从而吸引着相关学者的广泛关注。然而，综合相关文献的梳理结果来看，现有相关研究并未充分重视揭露内部薪酬差距对其经济后果的影响路径，特别是内部薪酬的构成较为复杂，从而使得揭示内部薪酬差距对企业全要素生产率的影响机制对于深化现有内部薪酬差距经济后果的理论研究具有重要的研究价值。同时，充分揭示其经济后果的路径，能够为企业以及相关监管部门提升内部薪酬差距积极的激励作用提供重要的理论参考。然而，现有相关研究对内部薪酬差距对经济后果影响机制的理论研究并未给予应有的重视。

在企业全要素生产率影响因素的理论研究方面，现有相关研究并未充分重视从微观企业的研究视角，深入探讨微观企业的行为对企业全要素生产率的影响。党的十九大报告强调提升全要素生产率是实现中国经济高质量发展的重要路径。企业全要素生产率是反映企业技术效率、创新效率和组织管理效率的常用指标，其比现有衡量企业管理经营效果与效率的财务经营业绩指标更能揭示除劳动力和资本外其他生产要素投入带来的产出增长率的指标，以及企业管理层的管理效应，进而反映内部薪酬差距对管理层的激励作用，也许更能反映最根本的问题。

借助上述文献综述可知，尽管本书研究从企业内部因素与外部因素两个方面梳理现有相关文献，但发现现有相关研究并未充分从微观企业具体经济行为的研究视角，探寻与剖析企业全要素生产率的影响因素。而如何借助内部薪酬差距，提升企业管理经营的效果与效率，既是管理实践的难点，也是理论研究的重点与热点。尽管现有相关研究开始关注内部薪酬差距对企业全要素生产率的影响，但揭示其影响机制，以及探讨其影响诱因，仍有待深入研究。

鉴于此，本书将从企业全要素生产率的研究视角，系统拓展与深化内部薪酬差距的理论研究。

首先，本书将探讨内部薪酬差距对企业全要素生产率的影响。具体而言，将从高管与员工之间以及高管之间薪酬差距，探讨内部薪酬差距对企业全要素生产率的影响，并结合现有相关文献的研究内容，上述影响呈非线性关系的微观经验证据。

其次，借助人力资本理论的相关内容，将上述两个方面的影响进一步分解，探讨内部薪酬差距对企业全要素生产率的影响路径。对于高管与员工之间薪酬差距而言，分别探讨高管薪酬溢价与员工薪酬溢价对企业全要素生产率的影响，并比较其影响是否存在显著差异。然而，对于高管之间薪酬差距而言，分别考察核心高管薪酬溢价与非核心高管薪酬溢价对企业全要素生产率的影响，并比较其影响是否存在显著差异。

最后，辨析产权性质与CEO权力在内部薪酬差距对企业全要素生产率的影响中是否存在显著的调节效应，从而进一步深化本书探索内部薪酬差距对企业全要素生产率影响的理论研究。

3 理论基础与理论框架

锦标赛理论与行为理论是内部薪酬差距经济后果研究的主要理论来源。依据锦标赛理论，内部薪酬差距能够起到正向的激励作用，能够激发高管与员工的工作积极性与努力程度。然而，行为理论的支持者却认为内部薪酬差距会导致员工的不公平感，不利于企业的发展。同时，也有相关研究认为内部薪酬差距经济后果的影响中存在上述两种对立理论的交织。人力资本理论认为企业不同群体的人力资本差异导致他们的薪酬存在差距，这为分解内部薪酬差距并探讨其不同组成内容对经济后果的影响提供了重要的理论支持。同时，依据产权理论与管理层权力理论，产权性质与CEO权力会对内部薪酬差距的经济后果产生重要的影响。鉴于此，本章首先简要阐述锦标赛理论、行为理论、人力资本理论、产权理论以及管理层权力理论的相关内容。在此基础上，本章结合本书的研究主题与研究内容，借助上述理论，剖析内部薪酬差距对企业全要素生产率的影响，并将内部薪酬差距进行分解，阐述其影响机制，探讨产权性质与CEO权力在内部薪酬差距对企业全要素生产率的影响中的作用。

3.1 理论基础

本节简要介绍锦标赛理论、行为理论、人力资本理论、产权理论以及管理层权力理论的相关内容，从而为本章分析内部薪酬差距对企业全要素生产率的影响提供直接的理论来源。

3.1.1 锦标赛理论

Lazear 和 Rosen（1981）将锦标赛理论引入高管薪酬的研究领域，并解释了内部薪酬差距及其经济后果。锦标赛理论认为薪酬差距的增长是对胜利者的激励，而企业拉大内部薪酬差距是激发高管、员工努力程度与工作积极性的薪酬制度安排。加大内部薪酬差距能够激发高管与员工的竞争意识，促进他们提升努力程度与工作积极性，实现其薪酬的增长。

相对于员工而言，企业所有者监督高管的难度比较大。对高管而言，其激励往往有别于员工的计件工资。一方面，企业所有者对高管的监督成本较大，且其监督效果不是十分理想，甚至会降低高管的工作积极性。另一方面，高管工作的努力程度与专业水平往往难以度量。在此背景下，有效的激励政策会成为企业所有者可靠的选择。但如何设置激励机制却又成为企业所有者的难题。对企业高管而言，其劳动成果很难在短期内、具体对象上清楚地计量出来。那么，在很难准确判断高管边际产出的背景下，单独用高管的边际产出决定其薪酬会有失公允。因而，股东可通过衡量高管的边际产出差异，来对他们的产出做出相应的排序，进而做出晋升决策，竞争胜者可以获得竞赛获胜的补偿激励。因此，存在委托代理问题的情况下，相对于以高管边际产出为依据制定的激励措施而言，简单的晋升决策机制将是有益补充且更有效率。

在此基础上，Lazear 和 Rosen（1981）认为在锦标赛理论的模型中，需要注意以下三个方面的内容：

第一，基于高管边际产出的排序是落实内部薪酬差距制度的基础，其目的是降低委托人的监督成本。加大内部薪酬差距的动因是激发高管的工作积极性与努力程度，从而提升企业激励的边际产出。若内部薪酬差距的增加减弱了对高管的激励效果，反而会扭曲设置内部薪酬差距的初衷。

第二，高管薪酬与企业经营业绩之间不存在必然联系，但内部薪酬差距却会对经营业绩产生影响。在锦标赛理论的指引下，若企业代理成本较高，依据相对经营业绩拉大员工之间的薪酬差距，会比以绝对经营业绩激励员工更为有效，这表明设置内部薪酬差距会更好地实现薪酬激励的作用。

第三，外部环境的不确定性有助于内部薪酬差距产生正向的激励效果。面对复杂的外部环境，不确定性可能预示着未来的发展机会。在此背景下，拉大内部薪酬差距能够为高管设立竞赛的工作制度，激发高管的工作积极性与努力程度，也会激发高管获取更多回报的欲望。

但值得注意的是，若要发挥锦标赛理论适用于内部薪酬差距的激励作用，企业应满足一定的激励条件。基于锦标赛理论的相关内容，拉大内部薪酬差距的核心在于降低企业所有者对高管的监督成本，避免高管为获取私人利益而损害企业所有者的利益。然而，面对复杂的经营环境，锦标赛理论成立必须以企业经营业绩的提升为基础，设置内部薪酬差距来激发高管工作积极性与努力程度需满足以下条件：

第一，高管或员工需要具备一定的竞争意识。如果竞赛制度不能激励企业高管或员工，那么即使企业所有者设置内部薪酬差距以提高被激励对象参与的积极性，但由于被激励对象自身的禀赋较差，无论如何都很难实现企业所有者期望的目标，提高内部薪酬差距只会增加企业成本而不会带来参与竞争者的努力收益。同时，当被激励者发现自己的禀赋较差而无法在竞争中获胜时，可能会主动放弃，甚至会抱怨激励体系导致的不公平而消极工作。因此，选择合适的竞争者参与竞争是锦标赛理论得以成立的条件之一。

第二，组织团队对合作的需求程度。信息不对称现象会使得团队成员的努力水平不可观测，对个人产出的监督困难导致了搭便车的问题。而依据锦标赛理论的相关内容，根据经营业绩设置的锦标赛激励制度，按照业绩排名进行奖励的方式可以增加被激励人员对经营业绩贡献的披露，加大对自身工作努力程度的展示，从而可以降低企业因信息不对称所诱发的问题。在此背景下，相对于其他评分体系而言，锦标赛激励制度会有助于对被激励者的有效评价。但需要注意的是，当团队对合作的需求程度较高，团队成员具有较强的互补性时，过度依赖锦标赛理论来解决问题又会带来新的难题。例如，较高的内部薪酬差距可能会产生组织政治学问题，参与竞争的员工通过拒绝必要合作或在合作中故意设置障碍等来降低竞争对手的成绩。部分竞争者认为自己在合作工作中的重要性没有被充分重视或没有得到足够补偿，从而产生不公平感，这会导致其放弃努力。

第三，薪酬差距扩大的增量收益与增量成本的关系。内部薪酬差距的扩大会增加公司的薪酬成本，但也会为公司带来增量收益，即竞争者因为内部薪酬差距的扩大而提高工作的努力程度，为公司带来的努力增量收益。但每个竞争者的禀赋是有限的，最大化努力带来的收益也是有限的，从公司视角来看，判断锦标赛理论是否能够提高公司绩效，需要考虑内部薪酬差距扩大带来的增量收益与增量成本之间的关系，应以内部薪酬差距扩大导致的边际成本与边际收益相等为上限。

3.1.2 行为理论

行为理论与锦标赛理论截然不同，认为缩小内部薪酬差距会增强员工的公平感，从而会激发员工与高管的工作积极性与努力程度，提升企业经营业绩。行为理论提出加大内部薪酬差距会产生负向激励效果的理论分支主要包括相对剥削理论、组织政治学理论和分配偏好理论。相对剥削理论和组织政治学理论是阐述扩大内部薪酬差距降低员工工作效率的理论，即两者是后摄性的；而行为理论中的分配偏好理论是前摄性，其重点是探寻形成内部薪酬差距的诱因。虽然解释的角度有所不同，但是两者都认为企业内部存在较大薪酬差距会给企业的日常经营带来严重的负面影响。

（1）相对剥削理论

Crosby（1976）提出相对剥削感本质上是个体对实际与期望之间差异的消极反应。沿袭上述观点，Martin（1981）将相对剥削理论引入到组织情境，提出企业员工会关注同组织其他人员的薪酬，同时也会将其与自身的薪酬对比。在此背景下，依据相对剥削理论的相关内容，员工所产生的被剥削感会影响其心理，从而作用于其工作的积极性与努力程度。具体而言，员工通过比较自己与其他人员的薪酬，当因差距较大而觉得没有得到预期的薪酬时，则会滋生被剥削感，从而产生懈怠的工作情绪，导致工作积极性以及努力程度的降低，最终会导致企业经营业绩的降低。

相对剥削理论强调员工的公平感对激励的效果至关重要，相对于不同层级员工的薪酬，员工还会重视产出与投入之间的关联度。相对剥削理论认为，若低层级员工认为其薪酬与工作付出不匹配，便会产生不公平感，这滋生了员工消极怠工等不良情绪。换而言之，若弱化内部薪酬差距，则员工在权衡产出与投入时，会具有较为强烈的公平分配感觉，也会高估其个人能力与提升工作的积极性，从而会弱化投入差异的影响。此外，在企业实际生产经营过程中，员工的付出中必然存在难以量化的能力与努力，即使这些难以度量的付出会诱发内部薪酬差距的增加，但仍可能导致员工产生不满情绪和抵触心理。同时，相对剥削理论认为即使不同层级的人员之间在生产经营中的贡献存在显著差异，导致他们存在较大的内部薪酬差距，这种内部薪酬差距也会滋生底层员工的不公平或被剥削的感觉，进而损害企业的经营业绩。

（2）组织政治学理论

Milgrom 和 Roberts（1988）将组织政治学理论引入企业内部薪酬差距的研究领域。具体而言，组织政治学理论聚焦于政治阴谋的研究视角，探讨企业内部薪酬差距的负向激励效果，认为较大的内部薪酬差距会促使员工减少合作以突出自身的努力程度从而获取更多的薪酬，不利于企业经营业绩的提升。政治阴谋之所以会不利于企业经营业绩的提升，其原因在于政治阴谋是员工为营造自身努力或具备专业技能的假象，而蓄意隐瞒或阻碍上级获得相关的信息，但其上述美化自身的行为并不能有效地提升企业产出，反而会增加企业的生产经营成本，导致企业经营业绩的下滑。因而，聚焦于政治阴谋的研究视角，组织政治学理论认为由于存在晋升竞争和政治行为，拉大内部薪酬差距会滋生员工的政治阴谋行为，反而增加了企业的监督与激励成本，并会损害员工的工作积极性与努力程度，从而损害企业经营业绩的提升。

（3）分配偏好理论

Adams（1965）基于组织行为学角度对公平偏好问题进行了开创性研究，形成了分配偏好理论。具体而言，根据分配偏好理论，员工在两种情况下会感到公平：一是当薪酬水平与付出程度相当，员工会感到公平，若薪酬水平小于付出程度，员工会感到不公平。二是当薪酬水平大于付出时，员工会感到满足，但这种满足感一般会随着时间而消失。

分配偏好理论主要遵循“不给领取薪酬的人带来不满”的原则，认为企业最终制订的薪酬方案应是薪酬制定者和薪酬接受者共同决定的，即内部薪酬差距的设定应该采纳员工的意见。分配偏好理论的提出主要是基于员工的边际贡献很难准确衡量，且员工之间相互竞争所带来的负面影响往往大于相互合作的收益。例如，过大的内部薪酬差距会诱发员工之间的恶性竞争，滋生他们实施政治阴谋的动机，从而降低内部薪酬差距在维系员工之间的和谐关系，提升他们的工作积极性与努力程度方面的效果。在此背景下，分配偏好理论认为即使不同员工对企业经营业绩的贡献显著不同，但为消除内部薪酬差距扩大带来的负面效应，也应该选择内部薪酬差距较小的薪酬政策。

在崇尚儒家文化的中国，传统的“以和为贵”思想使企业的员工非常重视人际关系的和谐发展，即中国传统文化中长期存在的思想会导致员工更加倾向较小的内部薪酬差距。同时，“不患寡而患不均，不患贫而患不安”等思想也深深影响着中国企业的发展。在此传统文化的熏陶下，企业的员工必然将集体主义文化中的平等、公平等强调集体凝聚力的思想视为重要的价值观，进而影响自身的工作效率。在上述传统文化的熏陶下，企业员工对分配不公平问题会非常敏感，导致他们很难接受过大的内部薪酬差距。鉴于此，张正堂（2008）认为行为理论在阐述与剖析中国企业的内部薪酬差距的激励效果方面，拥有更强的解释力。胡玲和黄速建（2012）也通过美国与中国的高管薪酬对比研究得出，中国企业的高管总现金薪酬相对差距与业绩的正相关关系符合行为理论的预期。

3.1.3 人力资本理论

Weisbrod（1961）提出了首个人力资本价值的概念框架，初步形成了人力资本理论。在研究中，他认为性别、年龄、人力资本存量等因素共同决定的函数能够反映人力资本价值。Kiker（1966）探讨了人力资本价值的函数内容，具体而言，假设年龄a的人力资本现值被定义为未来收入 Y_t 的贴现值，则其人力资本价值可表示为：$V(a)=\sum Y_t \times Pat/(1+t)t-a$，其中Pat代表年龄为a的个人能活到t的概率，r为贴现率。

Becker（1964）深化了人力资本价值模型的内容构成。具体而言，在研究中，他提出了通用型人力资本和专用型人力资本，以进一步明晰人力资本价值的内容。其中，通用型人力资本的适用范围比较广，即也可以为其他潜在雇主服务的技术，但专用性较差；而专用型人力资本则恰恰相反，即专用性较强，主要针对现有工作效率的提升。在不完美劳动力市场，一般性培训也有可能是由企业发起的，因为随着工资结构的扁平化，企业可以根据培训的数量来获取劳动力市场准租金（Acemoglu，1998）。Bloch和Smith（1977）认为教育回报依赖于提高工人收入以及被雇用的可能性。Becker和Murphy（1992）认为人力资本积累一般包括正规的学校教育、职位培训以及工作之外的培训三个内容。上述三类具体内容对人力资本价值的影响存在一定的差异，且不同的个体会受到其自身经历的影响，使得上述三类人力资本积累方式对其自身人力资本价值也存在一定的影响。

同时，Hall和Johnson（1980）认为人力资本有别于其他资产，其不仅难以准确度量，而且所产生的回报仅与员工的工作付出相关。在此基础上，Blundell等（1999）研究发现，人力资本包含天赋和日后获取的能力这两个互补的部分。Rephann（2002）进一步研究发现，技术在生产函数中是提升生产效率的关键，人力资本存量显著地决定了在计算放弃的预期收入中需考虑可能更有前途的其他技能所带来的收入。与此同时，人力资本的个人专有属性和流动性决定了人力资本使用中监督的有限性和激励的必要性（Vroom，1964）。

人力资本理论是研究薪酬激励影响经济后果问题的理论前提，人力资本的特征决定了必须对其进行管理，如监督和激励，否则人力资本就不会充分发挥作用。在市场经济中，监督的作用明显减少，激励逐渐变成主要的管理模式。企业的激励角度着重考虑有效管理人力资本的方式，实现生产要素的最优组合和有效利用，提高资源配置效率。对不同类型的人力资本给予不同的激励，对其人力资本价值的承认和肯定，能够调动高管和不同类型员工努力工作的积极性，推动企业生产效率和经营绩效的提高。高管和员工是人力资本理论中重要的人力资源，在企业中承担市场开拓、生产创新、管理创新和制度创新的重任，他们的积极性、创造性的发挥直接影响到企业其他资源功能的发挥。因此，企业激励机制是否有效直接影响企业不同类型的人力资本，通过影响其对企业的贡献度，进而影响企业效率。

同时，陈震（2012）与邵剑兵等（2014）将高管进一步区分为核心高管与非核心高管，并认为相对于非核心高管而言，核心高管对内部薪酬差距的影响力更大，因而企业核心高管手中的管理层权力越大，其与非核心高管以及员工之间薪酬差距越大。

3.1.4 产权理论

产权理论的产生伴随着对财产拥有权的探讨，其具体界定财产的所有权，也包括着财产所有权的起因及其对经济社会活动影响的理论。休谟、穆勒与康德等学者在产权概念早期的发展中比较强调其哲学及伦理学方面的意义。田应奎（2003）认为现代产权理论把产权看作一种特有的专用权，即一切有助于确定每个人占有、使用和转让财产的权利，并将制度因素视为影响经济增长与配置的内生变量，侧重从经济学含义来分析产权理论。产权理论研究如何通过界定、变更和安排产权的结构，降低或消除市场机制运行的社会费用，提高运行的效率、改善资源配置等。

Barzel（1997）认为个人对资产的产权由消费这些资产、从这些资产中取得收入和让渡这些资产的权利构成，即产权界定人们如何受益及如何受损。资源的产权界定及其产权结构，直接影响着资源的利用效率。当然，产权的界定是需要成本的，只有当产权界定后的收益大于产权界定的成本时，在现实中才能够界定产权。随着资源价值的提升，新的产权将会被界定出来。政府界定产权具有比较优势，但也存在侵犯产权的可能性。

国内相关学者认为产权制度问题是国有企业效率低的原因，国家所有制会引发一系列委托代理问题和效率损失，产权制度才是解决这些问题的关键。张维迎和马捷（1999）认为激励机制与经营者选择机制是企业制度需要解决的重要问题，然而，尽管相关监管部门为促进国有企业经营效率与效果的提升，颁布了一系列的改革措施，如将经营业绩与高管薪酬挂钩等薪酬改革措施，且取得一定的改革效果，但这些措施并没有从根本上改写国有企业高管具有政府官员身份并真正承担企业风险的特点，从而无法达到长期有效激励的效果。

3.1.5 管理层权力理论

Bebchuk 和 Fried（2003）针对高管薪酬契约的有效性提出了管理层权力理论，认为高管权力会影响其薪酬契约，在公司治理机制尚不完善的阶段，高管会借助自身的权力与影响扭曲企业的最优薪酬契约，达到提高私有收益的目标。相关学者认为管理层权力理论是从委托代理理论的视角出发，解决企业所有权与经营权分离所诱发的委托代理问题。管理层权力理论把企业视作由管理者、员工、股东以及债权人等相关利益者构成的联合体，其中，内部各成员的目标可能会存在一定的冲突。在此联合体中，尽管根据相关制度或契约，股东或董事会能够限制高管的行为，但高管仍会在一定程度上操控股东或董事会的决策。因而，高管占据着权力的顶端，拥有决定企业生产经营活动的直接权力。

管理层权力与高管个人能力、禀赋相关，同时又受到公司治理的约束。高管作为理性的经济人，他们有追求自身利益的动机，并具备追求私有收益的一定权力，从而能够操控其薪酬契约的制定与实施。所以，针对高管薪酬契约的研究就有必要将管理层权力对薪酬契约的影响纳入其中，这样才能揭示高管薪酬契约的形成与激励效果（Core等，2008）。

高管薪酬的激励效果可通过两个层次来实现：一是针对某一高管薪酬激励契约的设计，即薪酬激励的水平问题，薪酬契约会涉及如何选择恰当的评价指标，如何确定合适的指标权重等。二是同时考虑多个高管之间的薪酬激励问题，薪酬契约会涉及高管间的内部薪酬差距、影响因素、验证第一个层次的评价指标选择与权重确定。第一个层次的评价指标选择与权重确定，依赖于当事人双方的博弈，当事人在博弈时会利用代理理论和管理层权力理论。代理理论强调借助高管的薪酬契约实现股东利益最大化，而相关学者研究发现经营业绩在薪酬契约的制定与执行中占据着重要的地位。管理层权力理论认为高管会借助其权力与影响操控董事会，从而在薪酬契约的设计与执行中移入有助于其获取私有收益的条款。第二个层次的内部薪酬差距是管理层权力等影响因素决定的。

企业大部分的核心高管是经过组织内部竞争选出来的，拥有相对较高的个人禀赋，并在公司最高层管理职位上积累了一定的个人权威和声望，他们运用手中的权力影响薪酬契约的制定，提高自己的薪酬，进而扩大内部薪酬差距（陈震，2012）。权力导致的内部薪酬差距具有一定的迷惑性，很容易被他人认为是核心高管个人禀赋所致。因此，公司股东或普通员工很难甄别出管理层权力导致的内部薪酬差距与禀赋导致的内部薪酬差距，这在一定程度上也会助长管理层权力在薪酬契约制定中的滥用。

3.2 理论框架

本节借助上文的理论基础，首先提出本书的整体理论框架。其次，借助锦标赛理论与行为理论对企业全要素生产率影响的分析，剖析内部薪酬差距对企业全要素生产率的影响。再次，本节借助人力资本理论，分析内部薪酬差距对企业全要素生产率的影响机制。最后，本节基于产权理论与管理层权力理论的相关内容，辨析产权性质与CEO权力在内部薪酬差距对企业全要素生产率影响中的作用，从而为后文提供相关的理论分析支持。本章聚焦于锦标赛理论、行为理论、人力资本理论、产权理论以及管理层权力理论等相关理论，阐释本书的整体理论框架，从而为下文提出相关研究假设奠定了坚实的基础。具体而言，首先，本节分别基于锦标赛理论与行为理论的相关内容，探讨内部薪酬差距对企业全要素生产率的影响。其次，在此基础上，进一步基于人力资本理论的相关内容，深入探索内部薪酬差距对企业全要素生产率的影响机制。具体而言，一方面，将高管与员工之间薪酬差距分解为高管薪酬溢价与员工薪酬溢价，探讨两者对企业全要素生产率的影响，以及辨析两者的上述影响是否存在显著差异；另一方面，将高管之间薪酬差距拆分为核心高管薪酬溢价与非核心高管薪酬溢价，考察两者对企业全要素生产率的影响，并甄别两者的上述影响是否存在显著差异。最后，本节依据产权理论与管理层权力理论的相关内容，进一步剖析产权性质以及CEO权力在内部薪酬差距对企业全要素生产率影响中的作用。本书的理论框架如图3-1所示。

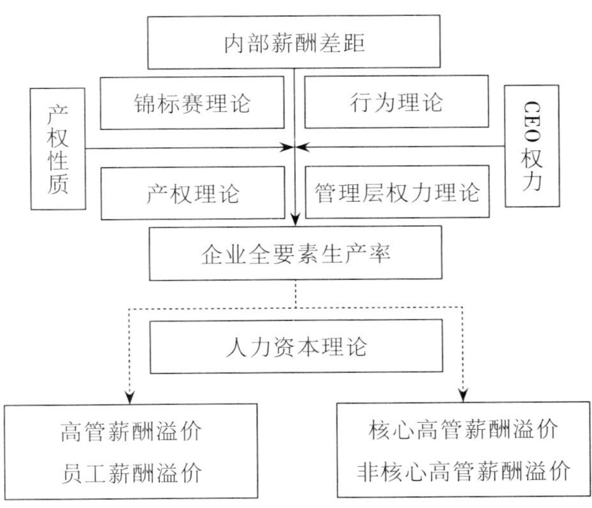

图3-1 整体理论框架图

如图3-1所示，本书的理论框架主要由三个部分组成：一是借助锦标赛理论与行为理论阐述内部薪酬差距对企业全要素生产率的影响；二是依据人力资本理论的相关内容，探寻内部薪酬差距对企业全要素生产率的影响机制；三是依托产权理论与管理层权力理论分别剖析产权性质以及CEO权力在内部薪酬差距对企业全要素生产率影响中的作用。

薪酬的激励作用让薪酬差距成为一种刺激竞争的有效措施，而企业内部不同群体的薪酬差距也成为薪酬制度的重要组成部分。锦标赛理论认为内部薪酬差距能够增进处于竞争中员工的投入，也会激发高管提升工作效率以保证其既有的职务和高薪。依据锦标赛理论的相关内容，在竞争环境中，企业高管与员工中的获胜者会获得职务晋升以及薪酬奖励，内部薪酬差距可以被看作获胜者的薪酬奖励。内部薪酬差距的增大意味着企业实施的激励水平增加，使得高管和员工投身竞争中。高管为获取较高的薪资报酬，通常会加大其努力程度并加强专业技能，以推进企业经营业绩的增长。同时，在锦标赛激励制度下，员工为获取薪酬奖励以及晋升目标，也会加大工作积极性以及努力程度。Shalley 和 Oldham（1997）认为在锦标赛激励制度的背景下，无论高管还是员工在保持竞争的状态下，其创造的价值都会大于与他人无竞争的个体所创造的价值。

在此背景下，内部薪酬差距在竞争条件下会有助于提升企业全要素生产率。同时，内部薪酬差距可能会导致高管与员工努力程度的增加，即其竞争性可能诱导高管和员工增加投入（刘亚等，2003；汪纯孝等，2006），因而上述结果会最终促进企业全要素生产率的提高。由此可知，这种内部薪酬差距竞争性所产生的激励效应在内涵上与中国经济体制改革中“允许一部分人先富起来”以及工资改革中所强调的“效率优先”的分配原则比较契合，具有较为广泛的适用基础。

此外，薪酬奖励是根据代理人边际产出的排序确定最终胜者，可有效降低监控成本。企业全要素生产率具有隐蔽性强、操控难度大的特点。因而，根据企业全要素生产率排序来分配奖金，可以降低对代理人生产、创新的监督成本，从而有利于提高激励效率。

依据行为理论的相关内容，公平对激励机制而言是一个重要的条件。薪酬不公平对员工投入、工作态度和产出效率往往具有负面影响，会导致激励效率低甚至妨碍或破坏激励机制的运行。内部薪酬差距可能引发薪酬不公平感，内部薪酬差距越大，不公平感可能越强，越容易引起雇员反感，削弱其工作动机，使其降低投入水平甚至实施反生产行为。这是因为，人普遍具有公平偏好，其在关注自身收入的同时也会关注他人的收入，并且厌恶不平等，尤其厌恶利他不平等。在企业里，员工出于公平偏好可能会与雇主以及从事相似工作的同事进行收入比较（Charness和Kuhn，2004）。

公平理论被企业和雇主认为是员工心理契约的重要内容，薪酬公平可以被看作是一种企业责任。当内部薪酬差距引起员工不公平感时，会导致心理契约的违背，而心理契约违背与员工的任务内绩效、企业公民行为、工作满意度等负相关（Robinson和Rousseau，1994；Lester和Kicku，2001）。企业全要素生产率主要源自不同员工绩效，员工的任务内绩效和企业公民行为水平高低往往直接决定企业全要素生产率的高低。具体而言，当内部薪酬差距诱发员工的不公平感时，员工对领导的信任程度会降低，产生消极怠工的情绪，并使其投入减少，进而导致企业全要素生产率的降低。在此背景下，内部薪酬差距的增加可能因为涉及不公平而对企业全要素生产率产生抑制作用，并不会拉动企业全要素生产率的提升。

上述理论框架为后文考察内部薪酬差距对企业全要素生产率的影响奠定了坚实的基础。具体而言，一方面，依据锦标赛理论的相关内容，内部薪酬差距对企业全要素生产率的提升会存在积极的影响；另一方面，从行为理论的研究视角，内部薪酬差距的加大却会抑制企业全要素生产率的提升。同时，由于内部薪酬差距的复杂性，也会使上述两种理论并存于内部薪酬差距对企业全要素生产率的影响中。因而，上述理论框架为后文研究奠定了基础。

人力资本理论认为内部薪酬差距的激励作用体现在为企业设定与执行高管与员工的薪酬契约过程中，人力资本提供了较为准确的劳动投入标准。依据人力资本理论的相关内容，高管与员工会凭借其人力资本追逐相应的报酬，而他们兑现自身的人力资本必须依托一定的经济关系。因而，薪酬是拥有人力资本的人员兑现自身价值的报酬，而人力资本的专有性和流动性决定了其与企业签订与执行薪酬契约的必要性（钱雪亚，2012；黄燕萍等，2013）。

人力资本理论是解释薪酬激励存在的重要理论基础之一。正是因为人力资本的存在，才使得企业为其雇用的人员支付相应的薪酬，作为其劳动付出的回报。在知识经济的背景下，激励逐渐变成主要的管理模式。依据人力资本理论的相关内容，高管与员工构成了人力资本的源泉，承载着企业开拓市场以及技术与管理创新的重任。因而，企业能否优化自身的资源配置与提升经营效率需要不同人力资本发挥积极性与创造性。在此背景下，人力资本在内部薪酬差距的理论研究中占据着重要的位置，若内部薪酬差距的提升能够激发员工的工作积极性与努力程度，企业高管与员工就会提升其人力资本的使用效率，优化企业的资源配置，进而能够有效促进企业全要素生产率的提升。

值得注意的是，人力资本理论认为在生产经营过程中，企业高管与员工岗位与职责的异质性会导致他们对企业产出的贡献存在较大差异。企业的生产经营是一体化、协同化的生产过程，必然需要不同管理人员与员工的相互配合、共同协作才可达成生产经营的目标。

对企业来说，不同的人力资本以不同作用效果影响着企业的生产效率（姚先国和张海峰，2008），从而需要深入探讨高管与员工之间薪酬差距对企业全要素生产率的影响机制。不同的人力资本在积累过程中，新增的知识、技能以及积累的经验可以在劳动者之间扩散和传递，不仅提高了人力资本的使用效率，而且会增加其他劳动者对物质资本的利用率，带动全员生产效率的提高。而对员工而言，高管对企业管理经营的作用更大，从而使得在内部薪酬差距的设置中，对高管的激励作用会大于对员工的激励作用。

同时，根据人力资本理论的相关内容与企业经营管理实际，高管可分为核心高管与非核心高管（陈震，2012；邵剑兵等，2014）。其中，核心高管需率先做出生产决策或创新决策并承担一定的风险，而非核心高管以及员工则根据核心高管的决策，借助他们自身的人力资本落实相关的生产经营目标，从而制造与销售相关产品，以最大限度地实现产出。不同层级员工的人力资本分散于生产经营的各个环节，而任何一个环节出现问题，都会不同程度地降低生产效率，会严重损害企业全要素生产率的提升。因而，上述理论框架为后文深入揭示内部薪酬差距对企业全要素生产率的影响机制夯实了理论基础。基于产权理论的相关内容，产权性质所诱发的一系列问题是制约国有企业管理经营效率与效果提升的重要原因。多数上市公司被各级政府控制是中国上市公司所有权安排的一个显著特征，政府控制会引发上市公司的内部人控制和所有人监督缺位的问题，进而会影响高管权力的执行。追求控制权私有收益是内部人选择投资项目的参考标准之一，也是内部人维护其控制权私有收益的方式之一，通常政府会通过控股干预。上市公司可能会因为高质量的生产创新活动对经营业绩增长的短期效果不明显，主动选择能够带来地方财政收入最大化、GDP增长和政治晋升的保守型生产创新项目，放弃高风险创新项目，因而政府干预等方式导致内部人由于追求私有收益导致企业全要素生产率的降低。

由于非国有企业的经营关系到非国有企业所有人的个人利益，因此努力经营并提升企业综合竞争力是非国有企业的管理者与普通员工共同的核心目标，他们会积极应对市场需求并有序地指导企业参与创新，提高企业的全要素生产率，最终获取超额市场利润。

国有企业行为更多体现政府意志。企业在一些方面缺乏话语权与选择权，例如政府直接参与制定、监督、实施管理者的薪酬激励并有严格的薪酬管制。与国有企业相比，非国有企业能够更好地与市场接轨，所以产权性质的差异会对内部薪酬差距与企业全要素生产率的关系产生影响。

管理层权力理论认为，薪酬是衡量管理层权力的重要指标，高管与董事会共谋现象的主要原因就是公司权力由管理层掌握后，董事会也会被管理层影响，导致薪酬契约无法真正地制定和执行。这导致董事会与股东代理问题，也让原本作为缓解高管与股东代理问题的高管薪酬机制失效。面对薪酬压力，在高管团队中，掌握最高权力的管理者对团队资源的指挥、调配以及如何进行有效的激励与约束是所有决策活动的核心。其领导与决策能力直接关系到团队工作的效率以及工作目标的实现。高管团队中CEO的权力配置及行使方式对企业的生产绩效及质量具有重要影响。

中国高管团队行动的过程和结果会受到CEO影响的主要原因是在

管理框架下的选择。CEO与团队其他成员的权力具有明显的不对称性是层级式管理框架的特征之一。

作为企业战略决策主要的发起者和主导者，CEO对其领导下所有的组织生产和管理活动都产生巨大的影响。因此，在研究内部薪酬差距与企业全要素生产率的关系时，应考虑CEO的权力因素，分析CEO权力对薪酬激励效果的影响是十分必要的。因此，企业内部控制制度运行的一个典型现象——内部控制的选择性执行，主要是因为企业管理团队更易产生群体偏好。上述理论框架为后文探讨企业异质性特征中的产权性质以及CEO权力在内部薪酬差距对企业全要素生产率影响中的作用方面提供了重要的理论基础。

3.3 本章小结

本章首先阐述了锦标赛理论、行为理论、人力资本理论、产权理论以及管理层权力理论的主要内容，并初步阐述了依据锦标赛理论与行为理论的相关内容，内部薪酬差距产生的经济后果。锦标赛理论与行为理论是解释与研究内部薪酬差距产生的动因及其经济后果的基本理论。人力资本理论则为本书通过将高管与员工之间薪酬差距进行细分，来剖析与探索不同类型的人力资本对企业全要素生产率产生的不同影响的作用机制提供了直接的理论基础。基于产权理论和管理层权力理论，本章探究了产权性质与CEO权力在内部薪酬差距对企业全要素生产率影响中的作用。

其次，本章围绕上述五个理论，简要分析内部薪酬差距对企业全要素生产率的影响。一是从锦标赛理论和行为理论对内部薪酬差距与企业全要素生产率关系进行的理论分析中可知，内部薪酬差距对企业全要素生产率的激励方向和激励效率往往是两种理论综合作用的结果。依据锦标赛理论，内部薪酬差距能够起到正向的激励作用，从而会促进企业提升全要素生产率；基于行为理论的相关内容，内部薪酬差距会诱发企业员工的不公平感，从而不利于企业全要素生产率的提升。二是依据人力资本理论，管理层和员工都是重要的人力资源，在企业高质量发展中承担市场开拓、技术创新、管理创新和制度创新的重任，但他们的积极性、创造性的发挥直接影响到企业其他资源功能的发挥，从而导致他们对企业全要素生产率提升的贡献存在一定的差异。三是依据管理层权力理论的相关内容，在中国处于经济转轨阶段，尤其是国有企业受到相关薪酬政策制约的情况下，产权性质与CEO权力会抑制内部薪酬差距的加大对企业全要素生产率提升的促进作用。

4 内部薪酬差距对企业全要素生产率的影响

基于锦标赛理论与行为理论的相关内容，内部薪酬差距对企业全要素生产率的影响会存在显著的差异。本章首先通过上述两个理论的相关内容，辨析内部薪酬差距对企业全要素生产率的影响，并提出相关研究假设。其次，实证检验本书的相关假设内容。再次，借助稳健性检验，加强本章结论的可靠性。最后，针对现有相关文献发现内部薪酬差距的经济后果呈现非线性的结论对本章研究内容的影响，进一步探讨内部薪酬差距与企业全要素生产率是否呈倒U形关系，从而增强文章结论的可靠性。

4.1 理论分析与研究假设

Krugman（1997）认为企业全要素生产率能够克服传统经营业绩指标滞后性与片面性等特点，能够有效衡量除劳动力与资本之外的要素投入的产出，从而能够更加准确地体现企业的生产经营效率。在一定程度上，企业全要素生产率尽管不是一切，但从长期来看，它几乎意味着一切（Kumar 和 Robert，2002）。企业全要素生产率的提升体现着企业资源利用效率的提高，表明其非生产性投入对产出贡献较大。因而，提升全要素生产率是企业重要的组织目标。依据锦标赛理论的相关内容，内部薪酬差距的加大有助于企业调动高管和员工的工作积极性和努力程度，从而促进企业全要素生产率的提升。薪酬契约对企业高管与员工薪金报酬的约定不仅保障着他们的劳动付出，而且更重要的是能够发挥激励作用，提升高管与员工的工作效率与效果。而拉大内部薪酬差距是一种同时针对高管群体和员工群体的激励机制。企业设置内部薪酬差距意味着企业会借助相应的业绩评价确立高管与员工的薪金报酬，以促进他们工作效率与效果的提升。

企业应该拉开薪酬差距是锦标赛理论的支持者的观点，他们充分肯定了薪酬激励的效果（Lazear 和 Rosen，1981）。按照锦标赛理论的观点，内部薪酬差距能够发挥正向激励作用的原因是其有助于激发高管与员工的竞争意识。在内部薪酬差距的薪酬制度中，高管与员工的晋升过程可以被看作一场锦标赛，参与者最终所获得的内部薪酬差距就是奖励。如果高管想在这场比赛中胜出从而获得更高水平的薪酬，他们就必须通过竞争争取晋升机会。也正是基于这种想法，锦标赛理论认为扩大企业高管的薪酬差距，是企业经营绩效提升的十分必要且有效的途径。支持锦标赛理论的相关学者认为扩大内部薪酬差距对经济后果带来正面影响的一个重要原因是其破坏了高管间的串谋（杨志强和王华，2014），高管通过竞争取得相应成果，提升了个人努力的价值。扩大内部薪酬差距使得高管能够获取的薪酬逐步大于员工的薪酬，从而使得高管认为内部薪酬差距是股东或董事会对自身的肯定或奖励。在此背景下，高管会为保持内部薪酬差距的长期性，努力工作并提升专业知识水平，从而能够起到提升企业应对风险的能力以及改善企业经营效率的作用。普通员工作为企业所有生产经营决策最终落实的执行者，对其进行适当激励能够明显提升员工的工作积极性并提升生产效率。因而，内部薪酬差距也成为员工争取不断晋升的强烈诱因。同时，高管风险规避作为委托代理问题的难点，依据锦标赛理论，薪酬差距可以有效地将其缓解。高管与员工之间的薪酬差距不但缓解了委托代理问题下的高管风险规避倾向，而且给予员工同样的激励以使其有效执行管理层的决策，最终达到提升企业生产经营效率的目的。

中国在改革开放后打破原有“大锅饭”与“平均主义”的思想，先后在个人收入分配制度上进行了一系列的改革，在注重分配效率的思想影响下，在市场经济发展的过程中，建立起了市场经济下基于效率目标的薪酬结构体系。扩大内部薪酬差距成为新型薪酬体系的主要特征之一（常健，2014）。比较工资、内部薪酬差距无论基于经济人或社会人的视角，都被视为决定工人努力程度的重要因素（刘春和孙亮，2010），因为身边同事的工资水平完全能够影响员工的情绪和工作积极性。但是，关于内部薪酬差距对经营业绩或企业效率的影响，相关研究结论并不一致，存在完全相反的两种结论。在中国现在的社会经济发展阶段，制造业为主体产业，企业层级分明、按劳分配，不同层级的收入差距较大，而人们致富愿望强烈，努力程度更多被认为是内部薪酬差距的真实反映，所以内部薪酬差距能起到较好的激励作用。因此，加大高管与员工之间薪酬差距，可能起到很好的激励效果，激励高管们更努力工作，从而促进企业全要素生产率的提升。

然而，在这种激励机制中，内部薪酬差距的设定是中心环节，相关学者获取了行为理论的微观经验证据（罗昆，2015；吴成颂和周炜，2015）。高管与员工以及高管之间薪酬差距可能带来不同的激励效果，这使薪酬差距对企业全要素生产率的激励效应可能呈现出较为复杂的局面。因而，本书也需要从行为理论的研究视角，剖析内部薪酬差距对企业全要素生产率的影响。

依据行为理论的相关内容，公平是薪酬管理的永恒话题，薪酬的公平性对员工的满意度、激励和组织绩效都具有极为重要的意义。市场失效的一个重要原因便是企业对高管与员工采取狭隘的公平方式来分配企业的成果。企业内部不同层级人员之间设置薪酬差距理应是一种提升薪酬激励效果的正常现象（Alesina 和 Angeletos，2005），而比较对象的选择是作为一个关键问题，直接影响到公平与否的判断。

行为理论的相关内容往往存在于实施激励企业中，内部薪酬差距诱发高管与员工的不公平感可能会使激励效率下降、无效甚至负激励。激励员工投身于企业全要素生产率的提升需要给予其足够的奖金，在客观上这需要设定一个较大的内部薪酬差距，使员工在弥补了所增加的投入成本后还有剩余，这个剩余的奖金成为同时刺激高管和员工增加投入的推动力。

在其他条件不变时，高管与员工薪酬差距会随着内部薪酬差距总额的扩大而变大，就如同“奖金”丰厚的比赛，会引发企业不同群体间的竞争，激发竞争者的潜能并使其更好地投入到工作中，促进企业全要素生产率的提升，这表明高管与员工认可薪酬差距的积极作用，即高管与员工薪酬差距越大，企业全要素生产率越高。而当高管与员工的薪酬差距是为了维护相对公平，两者的薪酬差距较小时，就如同奖金微薄的比赛，难以吸引到优秀的比赛参与者，难以有效激励高管、员工增加投入，即便不同的员工群体对提升企业全要素生产率这样的组织目标可能充分了解甚至认同，但是缺乏动力去实现，其任务内绩效可能受影响不大，但额外的、较难识别的组织公平行为可能会受到严重影响，企业全要素生产率会降低。

因此，综合锦标赛理论与行为理论的分析结果，内部薪酬差距对企业全要素生产率的影响存在截然相反的结果。在锦标赛理论的分析中，内部薪酬差距会起到积极的激励效果，内部薪酬差距的扩大会促进企业全要素生产率的提升；而基于行为理论的相关内容，内部薪酬差距的扩大则会阻碍薪酬激励的效果，即导致企业全要素生产率的下降。

据此，本书提出假设1a与假设1b：

假设1a：高管与员工之间薪酬差距的增加会显著提升企业全要素生产率。

假设1b：高管与员工之间薪酬差距的增加会显著降低企业全要素生产率。

高管之间薪酬差距也会对企业的经济活动产生重要的影响（方军雄，2009；谢德仁等，2012；解维敏，2017）。相关学者的研究结论同高管与员工之间薪酬差距经济后果的研究结论相似，即中国上市公司高管薪酬已体现了锦标赛理论，行为理论也被广泛用于解释个体对薪酬的反应。因而，要剖析高管之间薪酬差距对企业全要素生产率的影响，也应分别考虑锦标赛理论与行为理论的作用。

依据锦标赛理论的相关内容，扩大内部薪酬差距为打破“大锅饭”与“平均主义”，提升企业管理经营的效果和效率具有重大意义。扩大高管之间薪酬差距会促使不同的高管为获取更高的奖金而提升工作的努力程度并加强专业技能，从而会激发他们趋向优化企业的资源配置、加强企业创新投入以及提升管理效率。对高管之间的薪酬差距而言，过小的内部薪酬差距不会产生显著的影响（Gneezy 和 Rustichin，2000；Irlenbusch 和 Ruchala，2008）。因而，高管之间薪酬差距的持续扩大能优化企业的资源配置，提升高管的工作努力程度，从而会促进企业全要素生产率的提升。

行为理论认为公司董事会在对高管薪酬的设定过程中，参照一些相似人员的薪酬信息来决定本公司高管的薪酬水平（O'Reilly，2000）。根据行为理论，每一个高层管理者在公司中都发挥着重要作用，部分高层管理者认为，同属高管团队成员，地位及作用相差不大，所以团队成员在薪酬上也应基本一致。当团队薪酬差距加大时，较低薪酬的管理者会在内心产生强烈的不公平感与被剥削感，进而降低工作的积极性；同时，团队成员的友好合作关系也可能由于薪酬差距带来的差异被破坏，阻碍成员之间的信息交流与沟通，降低企业决策的效率，进而影响企业的生产效率。

基于上述理论分析，本章认为在考察高管之间薪酬差距对企业全要素生产率的影响时，需要同时考虑锦标赛理论与行为理论的影响。据此，本书提出假设 2a 与假设 2b：

假设 2a：高管之间薪酬差距的增加会显著提升企业全要素生产率。

假设 2b：高管之间薪酬差距的增加会显著降低企业全要素生产率。

4.2 研究设计

4.2.1 样本数据

本书选取2007—2016年沪深两市所有A股公司作为研究样本，在样本的选取过程中进行如下处理：(1) 为避免异常值的出现，剔除ST与*ST等特殊处理的上市公司；(2) 剔除金融保险行业的上市公司；(3) 受限于部分上市公司年报披露信息的缺失，剔除数据库中缺少相关信息的上市公司。经上述筛选，获取14 249家企业的数据。

本书相关数据源于国泰安（CSMAR）数据库，并对连续变量的1%和99%进行缩尾处理，以消除极端值的影响。本书拟运用Stata14.0统计软件进行数据处理与分析，拟采用OLS回归（在公司层面进行聚类调整）的方法检验相关的研究假设。下文章节中的样本数据、统计软件以及实证检验方法均与本章保持一致，因而不再做重复性的描述。

4.2.2 变量定义

(1) 高管与员工之间的薪酬差距

高管薪酬分为货币薪酬和股权激励薪酬两个部分。而在经济转轨阶段的中国，由于股权激励相关数据取得方式的限制，相关研究往往以货币薪酬衡量高管与员工的全部薪金报酬（李增泉，2000；辛清泉和谭伟强，2009；黄志忠和郗群，2009；方军雄，2012；黎文靖和胡玉明，2012）。因此，本书参考现有相关研究，高管与员工之间薪酬差距为高管的平均薪酬与员工平均薪酬的差额，其中，“支付给职工以及为职工支付的现金”加上“年末应付工资总额”减去“年初应付工资总额”作为员工薪酬的总和。在此基础上，本书参考相关研究，采用高管薪酬与普通员工薪酬差值的对数来衡量高管与普通员工的相对内部薪酬差距（黎文靖和胡玉明，2012；高良谋和卢建词，2015），记为MERWD。

（2）高管之间的薪酬差距

《中华人民共和国公司法》规定，高管包括公司的高管、副高管、上市公司董事会秘书、财务负责人及公司章程规定的其他人员。参考现有相关的研究方法，本书的高管范畴还包括监事会和董事会成员，以便能更全面地研究高管内部薪酬差距（张正堂，2008；李绍龙等，2012）。在此基础上，本书选取CEO薪酬与其他高管平均薪酬之差的自然对数来衡量高管之间的薪酬差距（张兴亮，2018），记为MRWD。

（3）企业全要素生产率的度量

企业全要素生产率代表着企业技术的投入与产出水平，体现企业劳动力、土地和资本等有形要素投入之外的其他要素拉动企业产出的部分，因而其能够更好地衡量企业的技术创新以及组织管理效率。国内外相关学者主要采用DEA和OLS等方法测算宏观地域和微观企业的全要素生产率，由于相关研究方法与微观企业的数据限制，后者并没有很好地解释反向因果关系与样本选择性偏差等问题。本书根据Levinsohn等（2010）的基本思路，借鉴鲁晓东和连玉君（2012）的研究估算企业全要素生产率，记为TFP（Total Factor Productivity）；同时，用OP法（Olley和Pakes，1996）测算企业TFP，记为TFP_OP，用于稳健性检验。根据LP（Laplacian-pyramid）方法，企业的生产函数可以表示为$Y_t = A_t K^{\alpha}{}_t L^{\beta}{}_t$，取对数后的LP模型变为：

$$\ln Y_t = \beta_0 + \beta_l \ln L_t + \beta_k \ln K_t + \omega_t + \varepsilon_t \tag{1}$$

其中，Y_t代表营业收入，ω_t代表企业全要素生产率。

（4）控制变量

本书参考黎文靖和胡玉明（2012）等文献的研究方法，选取以下控制变量：（1）产权性质（Soe）；（2）前十大股东持股比例（Topten）；（3）经营业绩（Roa）；（4）公司规模（Size）；（5）资产负债率（Lev）；（6）管理层持股比例（Mshare）；（7）公司成长性（Growth）；（8）资产结构（Tangibility）；（9）存货周转率（Ito）；（10）固定资产周转率（Fat）；（11）董事会规模（Board）；（12）人力投入回报率（Rop）；（13）Ind和Year分别为行业和年度虚拟变量，具体详见表4-1。

表4-1 **变量定义表**

	变量名称	变量符号	具体定义
被解释变量	企业全要素生产率	TFP	根据Levinsohn和Petrin（2003）的基本思路，借鉴鲁晓东和连玉君（2012）的研究估算TFP
解释变量	高管与员工之间薪酬差距	MERWD	高管与员工之间薪酬的差额取对数
	高管之间薪酬差距	MRWD	高管之间薪酬的差额取对数
控制变量	产权性质	Soe	国有企业取1，否则取0
	前十大股东持股比例	Topten	前十大股东持股数÷总股数
	经营业绩	Roa	净利润与总资产之比
	公司规模	Size	上市公司当年总资产的自然对数
	资产负债率	Lev	负债账面价值与总资产账面价值之比
	管理层持股比例	Mshare	高管持股比例
	公司成长性	Growth	（本期营业收入-上期营业收入）÷上期营业收入
	资产结构	Tangibility	（期末固定资产净额+期末存货）÷期末总资产
	存货周转率	Ito	销售成本÷平均存货余额
	固定资产周转率	Fat	销售收入÷固定资产净值
	董事会规模	Board	包括独立董事在内的董事会人数
	人力投入回报率	Rop	税前利润÷薪酬总额，取对数
	行业虚拟变量	Ind	依据2012年证监会行业分类，制造业细分至二级类，共计21个行业，设20个虚拟变量
	年度虚拟变量	Year	2007—2016年，设9个虚拟变量

4.2.3 模型设计

本书参考 Levinsohn 和 Petrin（2003）、鲁晓东和连玉君（2012）、黎文靖和胡玉明（2012）、杨竹清等（2017）等的研究方法，通过模型（2），检验内部薪酬差距对企业全要素生产率的影响。以佐证本书的假设 1a、假设 1b、假设 2a和假设 2b。模型（2）如下所示：

$$TFP_{i,t} = \beta_0 + \beta_1 WD_{i,t} + \gamma Controls_{i,t} + Year + Ind + \varepsilon_{i,t} \quad (2)$$

在模型（2）中，$WD_{i,t}$代表i公司t年的高管与员工之间薪酬差距以及高管之间薪酬差距，$Controls_{i,t}$表示控制变量，而 Year 与 Ind 则分别表示年度与行业虚拟变量。

4.3 实证结果与分析

4.3.1 描述性统计分析

本章各相关变量的描述性统计结果见表4-2。

表4-2 各相关变量的描述性统计结果

变量	均值	标准差	最小值	中位数	最大值
TFP	14.849	0.954	13.266	14.759	16.794
MERWD	12.523	0.772	11.021	12.545	13.959
MRWD	4.326	3.585	0.011	3.379	25.576
Soe	0.420	0.497	0.000	0.000	1.000
Topten	0.580	0.478	0.177	0.588	0.914
Roa	0.039	0.066	−0.371	0.037	0.296
Size	21.879	1.455	18.466	21.678	28.194
Lev	0.464	0.259	0.033	0.452	0.924
Mshare	0.061	0.134	0.000	0.002	0.646

续表

变量	均值	标准差	最小值	中位数	最大值
Growth	0.164	0.293	−0.375	0.128	1.532
Tangibility	0.453	0.181	0.124	0.378	0.769
Ito	14.376	67.299	0.077	3.691	801.868
Fat	9.317	29.527	0.159	2.918	314.206
Board	8.851	1.532	6.000	9.000	12.000
Rop	1.484	2.773	−8.695	0.902	19.984

由表4-2可知，变量TFP的均值与中位数分别为14.849与14.759，最小值与最大值分别为13.266与16.794，表明样本企业的全要素生产率具有一定的差异。变量MERWD的均值与中位数分别为12.523与12.545，但其最小值和最大值分别为11.021与13.959，标准差为0.772，表明样本企业高管与员工间的内部薪酬差距存在较大差异。变量MRWD的均值与中位数分别为4.326与3.379，但其最小值与最大值分别为0.011与25.576，标准差为3.585，表明样本企业中高管之间薪酬差距分布比较集中。上述统计结果表明高管之间薪酬差距与高管和员工之间薪酬差距存在不同的特征。

在控制变量方面，变量Roa的均值与中位数分别为0.039与0.037；变量Lev的均值与中位数分别为0.464与0.452；变量Size的均值与中位数分别为21.879和21.678；变量Growth的均值与中位数分别为0.164与0.128。总体而言，本书上述相关变量的描述性统计结果与现有相关研究文献相符。

4.3.2 相关系数分析

本章各变量相关性检验的结果见表4-3。

表4-3给出了主要变量之间的相关性分析结果。变量TFP与变量MERWD的相关系数为0.376并在1%的水平上显著，变量TFP与变量MRWD的相关系数为0.397并在1%的水平上显著，上述结果初步表明

表4-3 各变量相关性检验的结果

变量	TFP	MERWD	MRWD	Soe	Topten	Roa	Size	Lev	Mshare	Growth	Tangibility	Ito	Fat	Board	Rop
TFP	1														
MERWD	0.376***	1													
MRWD	0.397***	0.798***	1												
Soe	0.063***	-0.017**	0.032***	1											
Topten	0.122***	0.089***	0.135***	-0.070***	1										
Roa	0.100***	0.156***	0.201***	-0.121***	0.150***	1									
Size	0.157***	0.059***	0.046***	0.108***	0.107***	0.001	1								
Lev	0.116***	0.066***	-0.018***	0.241***	-0.159***	-0.088***	0.090***	1							
Mshare	-0.103***	-0.077***	0.003	-0.375***	0.138***	0.159***	-0.224***	-0.088***	1						
Growth	0.076***	0.008	-0.007	-0.049***	0.095***	0.127***	0.022***	0.045***	0.006	1					
Tangibility	-0.024***	0.013*	0.010	-0.072***	0.114***	0.057***	0.024***	-0.013*	0.073***	0.151***	1				
Ito	-0.003	0.001	0.029***	0.051***	0.025***	0.039***	0.015**	-0.027***	-0.012*	0.021***	0.008	1			
Fat	0.176***	0.071***	0.077***	-0.030***	0.019***	0.032***	0.029***	0.119***	0.001	0.127***	-0.024***	0.052***	1		
Board	0.102***	0.136***	0.140***	0.276***	0.017***	-0.007	0.108***	0.104***	-0.108***	-0.032***	-0.036***	0.016**	-0.055***	1	
Rop	0.135***	0.086***	0.085***	-0.060***	0.156***	0.173***	0.112***	-0.100***	0.026***	0.102***	0.085***	0.030***	0.135***	-0.010	1

注：***、**与*分别代表在1%、5%与10%的水平上显著。

高管之间薪酬差距和高管与员工之间薪酬差距增加会提升企业全要素生产率。上述结果初步印证了锦标赛理论的分析，即适当地扩大内部薪酬差距会激发企业全体员工参与生产、创造的积极性，带动企业全要素生产率的提升，即上述相关性统计结果初步验证了假设1a和假设2a的相关内容。

4.3.3 统计结果分析

本章相关研究假设的内容具体见表4-4与表4-5。其中，被解释变量为TFP，表4-4的解释变量为MERWD，用于检验假设1a与假设1b；表4-5的解释变量为MRWD，用于检验假设2a与假设2b，相关回归结果具体见表4-4与表4-5。

表4-4 **模型（2）的回归结果（1）**

变量	TFP	TFP
	(1)	(2)
MERWD	0.074*** (31.155)	0.021*** (11.024)
Soe		-0.088** (-2.017)
Topten		0.002*** (6.355)
Roa		2.841*** (25.303)
Size		0.519*** (41.141)
Lev		0.531*** (19.662)

续表

变量	TFP	TFP
	(1)	(2)
Mshare		-0.021 (-0.722)
Growth		0.043*** (7.656)
Tangibility		-0.033*** (-10.338)
Ito		-0.001 (-0.392)
Fat		0.007*** (15.589)
Board		-0.001 (-0.400)
Rop		-0.019*** (-7.245)
Con	13.82*** (28.170)	2.823*** (30.563)
Ind/Year	Control	Control
Adj.R^2	0.032	0.443
F值	82.411	236.552
N	14 249	14 249

注：***、**、*分别表示在1%、5%和10%的水平上显著；括号内的数据为t值，本章的下述表格与此相同。

表 4-4 报告了对假设 1a 和假设 1b 的检验结果。在表 4-4 中，第（2）列在第（1）列的基础上控制了其他可能对企业全要素生产率产生影响的因素，两列中变量 MERWD 系数分别为 0.074 与 0.021，且均在 1% 的水平上显著，表明企业全要素生产率和高管与员工之间薪酬差距存在显著的正相关关系。上述结果说明高管与员工之间薪酬差距存在显著的竞争效应，即内部薪酬差距的增加会显著促进企业全要素生产率的提升，支持了假设 1a 的研究内容。上述回归结果与刘春和孙亮（2010）等相关研究的结论一致，在一定程度上遵循锦标赛理论。

表4-5 **模型（2）的回归结果（2）**

变量	TFP	TFP
	(1)	(2)
MRWD	0.511*** (25.707)	0.108*** (17.752)
Soe		-0.092** (-2.162)
Topten		0.001*** (5.739)
Roa		2.441*** (22.187)
Size		0.489*** (46.809)
Lev		0.553*** (20.852)
Mshare		-0.023 (-0.805)
Growth		0.047*** (8.302)

续表

变 量	TFP	TFP
	(1)	(2)
Tangibility		-0.033*** (-10.262)
Ito		-0.001 (-0.445)
Fat		0.007*** (26.021)
Board		-0.006** (-2.158)
Rop		-0.014*** (-5.326)
Con	8.162*** (28.805)	1.992*** (20.971)
Ind/Year	Control	Control
Adj.R^2	0.024	0.450
F 值	142.201	269.027
N	14 249	14 249

在表4-5中，第（2）列在第（1）列的基础上控制了其他可能对企业全要素生产率产生影响的因素，两列中的变量MRWD系数分别为0.511与0.108，且均在1%的水平上显著，支持了假设2a的研究内容。上述结果表明高管之间薪酬差距存在竞争效应，即其会显著促进企业全要素生产率的提升。结合表4-4与表4-5的回归结果，就控制变量方面而言，两表中变量Roa、Size、Lev以及Growth的系数均在1%的水平上显著大于零，表明企业的经营业绩、公司规模、资产负债率以及公司成长性越大越会带动企业全要素生产率的提升，上述回归结果与现有相关

结论相符。企业经营业绩的提升，一定程度上表明企业经营效率的提升，会拉动企业全要素生产率的增长。企业规模的增加会显著促进企业全要素生产率提升可能归因于规模效应，规模的扩大会提升员工的劳动分工，从而改善企业生产效率。资产负债率代表企业融资约束程度，其越高说明企业的融资约束越小，越有助于提升企业全要素生产率。销售收入增长率与企业全要素生产率显著正相关则说明成长状况会促进企业全要素生产率的提升。

4.4 稳健性检验

为增加研究的严谨性，本书参考现有相关研究，拟从变更相关指标的度量方式与探讨内生性两个方面进行稳健性检验，同时，在后文中不再做过多的重复性说明。

（1）变更相关指标的度量方式

①变更内部薪酬差距的度量方式。公司内部的薪酬差距涉及高管之间薪酬差距和高管与员工之间薪酬差距两个方面。本章进一步参考张正堂（2008）、刘春和孙亮（2010）以及杨志强和王华（2014）对高管之间薪酬差距的度量。本书在稳健性检验中采用下述公式计算高管与员工之间薪酬差距，记作MERWD1：高管与员工之间薪酬差距为高管平均薪酬与员工平均薪酬的比值。以“支付给职工以及为职工支付的现金”加上“年末应付工资总额”减去“年初应付工资总额”作为员工薪酬的总和。高管之间薪酬差距，记作MRWD1：高管之间薪酬差距=董事、监事及高管前三名薪酬总额/3 /（董事、监事及高管年薪总额-董事、监事及高管前三名薪酬总额）/（高管人数-3）。借助模型（2），重新检验假设1a、假设1b和假设2a、假设2b的相关内容。具体结果见表4-6与表4-7。

如表4-6所示，在第（1）列与第（2）列中，变量MERWD1的系数分别为0.100与0.035，且均在1%的水平上显著，验证了假设1a的内容。上述回归结果表明，在变更高管与员工之间薪酬差距度量方式的情况下，高管与员工之间薪酬差距与企业全要素生产率的关系依然显著为正，从而增强了假设1a的稳健性。

表4-6 变更内部薪酬差距的度量方式后模型（2）的回归结果表（1）

变量	TFP	
	（1）	（2）
MERWD1	0.100*** （32.960）	0.035*** （2.725）
Soe		-0.088** （-2.022）
Topten		0.002*** （6.384）
Roa		2.843*** （25.263）
Size		0.520*** （39.764）
Lev		0.533*** （19.690）
Mshare		-0.019 （-0.662）
Growth		0.043*** （7.694）
Tangibility		-0.033*** （-10.343）
Ito		-0.001 （-0.384）
Fat		0.007*** （25.591）

续表

变量	TFP	
	(1)	(2)
Board		-0.001 (-0.444)
Rop		-0.019*** (-7.264)
Con	13.81*** (34.278)	2.814*** (30.382)
Ind/Year	Control	Control
Adj.R^2	0.033	0.442
F值	77.601	236.476
N	14 249	14 249

表4-7 变更内部薪酬差距的度量方式后模型（2）的回归结果表（2）

变量	TFP	
	(1)	(2)
MRWD1	0.310*** (5.453)	0.072** (2.108)
Soe		-0.092* (-1.719)
Topten		0.002*** (5.183)
Roa		2.914*** (24.539)
Size		0.516*** (39.545)

续表

变量	TFP	
	（1）	（2）
Lev		0.558*** （18.718）
Mshare		0.001 （0.011）
Growth		0.046*** （7.280）
Tangibility		-0.034*** （-9.969）
Ito		-0.001 （-0.142）
Fat		0.008*** （23.275）
Board		-0.002 （-0.656）
Rop		-0.020*** （-6.919）
Con	14.13*** （36.779）	2.889*** （30.595）
Ind/Year	Control	Control
Adj.R^2	0.027	0.445
F值	95.318	279.524
N	14 249	14 249

如表4-7所示，在第（1）列与第（2）列中，变量MRWD1的系数分别为0.310与0.072，且分别在1%与5%的水平上显著。上述回归结果表明，在变更高管之间薪酬差距度量方式的情况下，高管之间薪酬差距与企业全要素生产率的关系依然显著为正，从而增强了假设2a的稳健性。

②变更企业全要素生产率的度量方式。本书根据Olley和Pakes（1996）的基本思路，借鉴鲁晓东和连玉君（2012）的研究估算TFP，本书采用OP法测算TFP做稳健性检验，记为TFP_OP。借助模型（2），重新检验假设1a和假设1b以及假设2a与假设2b的相关内容。具体结果见表4-8与表4-9。

表4-8　变更企业全要素生产率的度量方式后模型（2）的回归结果表（1）

变量	TFP_OP	TFP_OP
	（1）	（2）
MERWD	0.002*** （10.691）	0.002*** （8.915）
Soe		-0.004** （-2.052）
Topten		-0.001 （-0.490）
Roa		0.218*** （21.379）
Size		0.018*** （48.277）
Lev		0.004* （1.768）
Mshare		-0.016*** （-5.765）

续表

变量	TFP_OP	TFP_OP
	(1)	(2)
Growth		0.003*** (4.664)
Tangibility		-0.001*** (-3.261)
Ito		0.001*** (11.808)
Fat		0.002*** (14.233)
Board		0.001*** (2.878)
Rop		0.001*** (3.570)
Con	1.668*** (68.723)	1.270*** (38.054)
Ind/Year	Control	Control
Adj.R^2	0.026	0.431
F值	91.217	227.626
N	14 249	14 249

如表4-8所示，在第（1）列与第（2）列中，变量MERWD的系数均为0.002，且均在1%的水平上显著。上述回归结果表明，在变更企业全要素生产率的度量方式的情况下，高管与员工之间薪酬差距与企业全要素生产率的关系依然显著为正，从而增强了假设1a的稳健性。

表4-9　变更企业全要素生产率的度量方式后模型（2）的回归结果表（2）

变量	TFP_OP	TFP_OP
	(1)	(2)
MRWD	0.022*** (19.539)	0.007*** (11.760)
Soe		−0.005** (−2.030)
Topten		−0.001 (−0.640)
Roa		0.188*** (18.675)
Size		0.016*** (35.922)
Lev		0.004* (1.841)
Mshare		−0.015*** (−5.292)
Growth		0.003*** (4.970)
Tangibility		−0.001*** (−3.285)
Ito		0.001*** (11.958)
Fat		0.002*** (13.848)

续表

变 量	TFP_OP	TFP_OP
	（1）	（2）
Board		0.005** (1.997)
Rop		0.003*** (5.191)
Con	1.417*** (49.708)	1.242*** (37.598)
Ind/Year	Control	Control
Adj.R^2	0.058	0.432
F值	68.976	233.329
N	14 249	14 249

如表4-9所示，在第（1）列与第（2）列中，变量MRWD的系数分别为0.022与0.007，且均在1%的水平上显著。上述回归结果表明，在变更企业全要素生产率度量方式的情况下，高管之间薪酬差距与企业全要素生产率的关系依然显著为正，从而增强了假设2a的稳健性。

（2）内生性问题

①工具变量法。尽管前文发现内部薪酬差距与企业全要素生产率之间存在正相关关系，但其因果效应仍然需要进一步识别。一方面，内部薪酬差距能够给管理层和员工带来激励效应，从而促进企业全要素生产率的提高，但企业全要素生产率的变动也可能会扩大内部薪酬差距，导致反向因果。另一方面，存在某些同时影响内部薪酬差距和企业全要素生产率的遗漏变量。因此，本书运用工具变量回归对内生性问题进行处理。

鉴于此，本书参考孔东民等（2017）等的相关研究，借助中国个人所得税税率调整构造工具变量对基准回归结果的稳健性进行检验。在中国，个人所得税税率调整作为一个外生事件，会对个体税后收入造成冲击（韩晓梅等，2016）。根据管理层及普通员工的平均年收入，本章利用当年的个人所得税税率估计其税后平均年收入，进而分别得到税后高管与员工之间的薪酬差距（记为MERWDIV），以及税后高管之间薪酬差距（记为MRWDIV）作为工具变量，并借助模型（2）重新检验本章的相关研究假设。其中，第一阶段回归中，工具变量的系数分别显著大于零，且其 Adj.R^2 值也较大，但为了避免稳健性检验的表格过于繁杂，第一阶段的回归结果不再列示，下文均运用工具变量法进行处理；第二阶段的相关结果具体见表4-10与表4-11。

表4-10　　**模型（2）二阶段的回归结果表（1）**

变量	TPF	
	(1)	(2)
MERWDIV	0.072*** (15.107)	0.028*** (12.923)
Soe		-0.106** (-2.008)
Topten		0.002*** (7.431)
Roa		2.743*** (30.670)
Size		0.492*** (39.556)
Lev		0.553*** (26.461)
Mshare		-0.001 (-0.026)
Growth		0.042*** (9.615)

续表

变量	TPF	
	(1)	(2)
Tangibility		-0.033*** (-11.468)
Ito		-0.001 (-1.178)
Fat		0.008*** (49.789)
Board		0.001 (0.225)
Rop		-0.016*** (-7.745)
Con	2.178*** (42.801)	3.204*** (36.868)
Ind/Year	Control	Control
Adj.R^2	0.041	0.440
F 值	78.012	279.245
N	14 249	14 249

如表4-10所示，在第（1）列与第（2）列中，变量MERWDIV的系数分别为0.072与0.028，均在1%的水平上显著。上述回归结果表明，在使用工具变量度量的情况下，高管与员工之间薪酬差距与企业全要素生产率的关系依然显著为正，从而增强了假设1a的稳健性。

表4-11 模型（2）二阶段的回归结果表（2）

变量	TFP	
	（1）	（2）
MRWDIV	0.375*** (18.142)	0.138*** (11.021)
Soe		-0.093** (-2.138)
Topten		0.001*** (4.940)
Roa		2.452*** (26.632)
Size		0.485*** (45.178)
Lev		0.578*** (27.617)
Mshare		-0.033 (-0.955)
Growth		0.045*** (9.521)
Tangibility		-0.032*** (-10.756)
Ito		-0.001 (-0.579)
Fat		0.007*** (27.816)
Board		-0.006** (-2.325)

续表

变 量	TFP	
	(1)	(2)
Rop		-0.011*** (-5.614)
Con	1.901*** (21.472)	1.823*** (17.879)
Ind/Year	Control	Control
Adj.R^2	0.028	0.458
F 值	70.174	271.257
N	14 249	14 249

如表4-11所示，在第（1）列与第（2）列中，变量MRWDIV的系数分别为0.375与0.138，且均在1%的水平上显著。上述回归结果表明，在使用工具变量度量的情况下，高管之间薪酬差距与企业全要素生产率的关系依然显著为正，从而增强了假设2a的稳健性。

②滞后一期。在企业经营管理实践中，企业的内部薪酬差距对其全要素生产率的影响会存在滞后的情况。因而，参考孔东民等（2017）等的相关研究，本书将内部薪酬差距滞后一期，借助模型（2）重新检验本章的相关研究假设，相关结果具体见表4-12与表4-13。

表4-12 **模型（2）滞后一期的回归结果表（1）**

变量	TFP	
	(1)	(2)
MERWDL	0.060*** (27.253)	0.022*** (10.122)
Soe		-0.094** (-2.107)
Topten		0.002*** (5.945)

续表

变量	TFP	
	(1)	(2)
Roa		2.932*** (24.223)
Size		0.513*** (32.777)
Lev		0.561*** (18.984)
Mshare		-0.023 (-0.721)
Growth		0.042*** (6.916)
Tangibility		-0.036*** (-10.091)
Ito		-0.001 (-0.539)
Fat		0.007*** (14.281)
Board		-0.002 (-0.777)
Rop		-0.019*** (-6.546)
Con	2.021*** (25.012)	3.010*** (20.424)
Ind/Year	Control	Control
Adj.R^2	0.047	0.442
F值	82.302	262.331
N	11 785	11 785

如表4-12所示，在第（1）列与第（2）列中，变量MERWDL的系数分别为0.060与0.022，且均在1%的水平上显著。上述回归结果表明，在滞后一期的情况下，高管与员工之间薪酬差距与企业全要素生产率的关系依然显著为正，从而增强了假设1a的稳健性。

表4-13 **模型（2）滞后一期的回归结果表（2）**

变量	TFP	
	（1）	（2）
MRWDL	0.670*** （25.741）	0.125*** （20.251）
Soe		-0.090** （-2.001）
Topten		0.001*** （5.698）
Roa		2.527*** （22.995）
Size		0.489*** （34.263）
Lev		0.551*** （20.253）
Mshare		-0.018 （-0.634）
Growth		0.052*** （8.874）
Tangibility		-0.034*** （-10.287）
Ito		-0.001 （-0.284）

续表

变量	TFP	
	(1)	(2)
Fat		0.007*** (25.844)
Board		−0.006** (−2.148)
Rop		−0.015*** (−5.365)
Con	1.127*** (27.109)	2.038*** (21.579)
Ind/Year	Control	Control
Adj.R^2	0.033	0.549
F值	74.073	294.001
N	11 785	11 785

如表4-13所示，在第（1）列与第（2）列中，变量MRWDL的系数分别为0.670与0.125，且均在1%的水平上显著。上述回归结果表明，在滞后一期的情况下，高管之间薪酬差距与企业全要素生产率的关系依然显著为正，从而增强了假设2a的稳健性。

（3）倒U形关系检验

现有相关学者认为在内部薪酬差距经济后果的影响中，并非单一的理论占据绝对的主导作用（高良谋和卢建词，2015；解维敏，2017；孔东民等，2017）。因而，尽管本章的回归结果支持了锦标赛理论的结果，但仍有必要进一步检验本章的上述结果是否存在非线性关系。

高良谋和卢建词（2015）、解维敏（2017）研究发现，锦标赛理论与行为理论的经验证据并存于内部薪酬差距的经济后果之中，从而使得内部薪酬差距与相关的经济后果存在倒U形的曲线关系。为此，本书参考高良谋和卢建词（2015）、解维敏（2017）等的研究方法，分别在模型（2）中加入变量MERWD与变量MRWD的平方项，以检验内部薪酬差距对企业全要素生产率的影响是否显著存在倒U形的关系。相关回归结果具体见表4-14与表4-15。

表4-14 **倒U形关系检验（1）**

变量	TFP	TFP
	(1)	(2)
MERWD	0.080*** (8.371)	0.035*** (4.907)
$MERWD^{sq}$	0.092 (1.076)	-0.023 (-1.049)
Soe		-0.089* (-1.801)
Topten		0.001*** (5.712)
Roa		2.452*** (22.25)
Size		0.490*** (46.273)
Lev		0.559*** (21.011)
Mshare		-0.030 (-1.167)

续表

变量	TFP	TFP
	(1)	(2)
Growth		0.047*** (8.301)
Tangibility		-0.033*** (-10.273)
Ito		-0.001 (-0.149)
Fat		0.007*** (26.119)
Board		-0.006** (-2.109)
Rop		-0.014*** (-5.318)
Con	22.409*** (16.916)	-1.692* (-1.805)
Ind/Year	Control	Control
Adj.R^2	0.035	0.472
F值	73.725	211.370
N	14 249	14 249

如表4-14所示，第（1）列与第（2）列中的变量MERWD的系数分别为0.080与0.035，且均在1%的水平上显著，两列中平方项的系数分别为0.092以及-0.023，并不显著。上述结果表明高管与员工之间薪

酬差距对企业全要素生产率的影响并不存在显著的倒U形关系。

表4-15 倒U形关系检验（2）

变量	TFP	TFP
	(1)	(2)
MRWD	0.387*** (11.201)	0.092*** (7.575)
$MRWD^{sq}$	0.002 (0.700)	0.001 (0.405)
Soe		-0.088* (-1.746)
Topten		0.002*** (6.307)
Roa		2.845*** (25.305)
Size		0.520*** (50.906)
Lev		0.532*** (19.686)
Mshare		-0.021 (-0.731)
Growth		0.043*** (7.626)
Tangibility		-0.033*** (-10.352)
Ito		0.001 (0.470)

续表

变量	TFP	TFP
	(1)	(2)
Fat		0.007*** (25.601)
Board		0.001 (0.471)
Rop		-0.020*** (-7.262)
Con	13.818*** (21.542)	2.805*** (30.237)
Ind/Year	Control	Control
Adj.R^2	0.037	0.489
F值	77.047	227.501
N	14 249	14 249

如表4-15所示，第（1）列与第（2）列中的变量MRWD的系数分别为0.387与0.092，且均在1%的水平上显著，两列中平方项的系数分别为0.002以及0.001，并不显著。上述结果表明高管之间薪酬差距对企业全要素生产率的影响并不存在显著的倒U形关系。

4.5 进一步检验

本书进一步对内部薪酬差距与企业全要素生产率的正向效应进行剖析。为进一步考察内部薪酬差距对企业全要素生产率的影响是否显著呈倒U形关系，以及不同水平的内部薪酬差距对企业全要素生产率的影响是否存在差异，本章参考孔东民等（2017）等相关研究方法，按照“行业-年度”的内部薪酬差距（分别为高管与员工之间薪酬差距以及高管之间薪酬差距）将全样本平均依次分成三组，借助模型（2）重新检验本章的相关研究假设在较大的子样本中是否显著为正，表明内部薪酬差距处于较低水平时、处于较高水平时与企业全要素生产率的关系，从而验证内部薪酬差距与企业全要素生产率的线性关系是否相对可靠。相关回归结果具体见表4-16与表4-17。

表4-16 **模型（2）分组检验（1）**

变量	TFP （group=1） （1）	TFP （group=3） （2）
MERWD	0.024*** （6.907）	0.013 （1.420）
Soe	-0.054* （-1.711）	-0.119** （-2.068）
Topten	0.002*** （4.251）	0.002*** （4.030）
Roa	1.465*** （8.090）	3.598*** （16.613）
Size	0.526*** （49.608）	0.447*** （41.032）
Lev	0.354*** （9.733）	0.947*** （14.301）
Mshare	0.041 （0.761）	-0.055 （-0.880）
Growth	0.046*** （4.580）	0.045*** （5.450）

续表

变 量	TFP (group=1) (1)	TFP (group=3) (2)
Tangibility	−0.036*** (−6.671)	−0.032*** (−5.600)
Ito	0.001* (1.817)	0.001 (1.313)
Fat	0.007*** (16.627)	0.006*** (15.819)
Board	0.006 (1.097)	−0.009** (−2.002)
Rop	−0.003 (−0.659)	−0.025*** (−4.730)
Con	2.566*** (14.428)	4.249*** (23.364)
Ind/Year	Control	Control
Adj.R^2	0.483	0.358
F值	130.401	138.217
N	5 006	5 303

如表4-16所示，第（1）列中变量MERWD的系数为0.024，且在1%的水平上显著，第（2）列中变量MERWD的系数为0.013，并不显著。上述结果表明高管与员工之间薪酬差距在较低的范围内才能促进企业全要素生产率的提升，并进一步排除了两者显著呈倒U形关系。

表4-17 **模型（2）分组检验（2）**

变量	TFP	
	（group=1）	（group=3）
	（1）	（2）
MRWD	0.146*** （7.197）	0.035 （1.437）
Soe	-0.033* （-1.801）	-0.142** （-2.206）
Topten	0.002*** （3.685）	0.001*** （3.122）
Roa	1.519*** （7.825）	3.170*** （15.818）
Size	0.514*** （47.867）	0.457*** （34.038）
Lev	0.378*** （9.640）	0.932*** （15.234）
Mshare	0.045 （1.577）	-0.053 （-1.062）
Growth	0.053*** （5.385）	0.048*** （5.401）
Tangibility	-0.036*** （-5.720）	-0.032*** （-5.027）
Ito	0.001** （2.033）	-0.001 （-0.534）

续表

变量	TFP	
	(group=1)	(group=3)
	(1)	(2)
Fat	0.006*** (12.586)	0.006*** (18.302)
Board	0.005 (0.971)	−0.019*** (−4.406)
Rop	−0.003 (−0.480)	−0.018*** (−3.697)
Con	1.198*** (4.348)	3.714*** (13.052)
Ind/Year	Control	Control
Adj.R^2	0.473	0.453
F值	134.601	153.017
N	5 006	5 303

如表4-17所示，第（1）列中变量MRWD的系数为0.146，且在1%的水平上显著，第（2）列中变量MRWD的系数为0.035，但并不显著。上述回归结果印证了高管之间薪酬差距处于较低的范围才能促进企业全要素生产率的提升。上述结果支持了锦标赛理论在内部薪酬差距对企业全要素生产率的影响方面的论述，且该影响呈线性关系。

4.6 本章小结

本章聚焦于探索内部薪酬差距对企业全要素生产率的影响，并以中国沪深A股2007—2016年的上市公司为研究样本，实证检验本章的假设。本章首先分析在企业内部，高管与员工以及高管之间薪酬差距对企业全要素生产率的影响。其次，实证检验上述研究假设。最后，对本章相关研究假设进行稳健性检验，并进一步探讨上述回归结果是否存在倒U形关系。研究结论表明，无论是高管与员工之间的薪酬差距还是高管之间的薪酬差距，企业内部薪酬差距的加大激发了职工的积极性和工作热情，增加了企业销售及运营活力，从而更好地发挥激励效果，最终会显著提升企业全要素生产率。进一步研究发现，上述影响并不存在显著的倒U形关系，但当内部薪酬差距过大时，其促进企业全要素生产率提升的作用并不显著。

5 内部薪酬差距对企业全要素生产率的影响机制

基于人力资本理论的相关内容，企业不同人员群体的人力资本差异是拉开他们薪酬差距的重要原因。鉴于此，剖析内部薪酬差距的不同构成部分对企业全要素生产率的影响机制，并比较他们是否存在显著的差异，有助于深入揭示内部薪酬差距对企业全要素生产率影响的理论研究。具体而言，本章首先将高管与员工之间薪酬差距分为高管薪酬溢价与员工薪酬溢价，高管之间薪酬差距分为核心高管薪酬溢价与非核心高管薪酬溢价，分别描述了这两类内部薪酬差距的具体内容对企业全要素生产率的影响及其影响是否存在显著差异，并提出相关假设。其次，实证检验本书的相关假设内容。最后，借助稳健性检验，加强本章结论的可靠性。

5.1 理论分析与研究假设

5.1.1 高管薪酬溢价与员工薪酬溢价

在第4章的理论分析与实证检验中，本书获取了内部薪酬差距有助于提升企业全要素生产率的经验证据。基于人力资本理论的相关内容，为揭示高管与员工之间薪酬差距对企业全要素生产率的影响，本章将其分解为高管薪酬溢价与员工薪酬溢价，探讨二者对企业全要素生产率的影响，以及辨析二者的上述影响是否存在显著差异。

人力资本理论的支持者认为企业不同人员的生产效率差异导致了他们的薪酬差距。企业人员的生产技能、技术知识和专有技能都是外生变量，从而具有一定的差异，即薪酬体现人力资本的回报（Black 和 Lynch，1996）。因而，Pfeffer（1998）提出企业能够持续具备竞争优势的重要源泉来自人力资本，对人力资本的持续投入则会拉动企业高管与员工的生产效率。

依据人力资本理论的相关内容，人力资本有助于拉升企业全要素生产率的原因集中在以下两个方面：一方面，企业借助相关的选拔与培训能够提升高管与员工的专业技能，而他们也会因竞争、产品创新和复杂工艺升级等压力，不断提升自身的人力资本水平，进而增强企业的产出效率（Romer，1990；Hatch 和 Dyer，2004）。依据人力资本理论的相关内容，人力资本是推动企业全要素生产率持续增长的重要因素之一，对企业全要素生产率增长的贡献主要体现在：一是人力资本积累有助于新知识的创造、新技术的研发，促进技术进步，而提高人力资本水平有利于技术创新成果的扩散和利用；二是人力资本累积有助于扩大企业生产规模，有利于生产企业提高生产和管理效率，提升产品质量，进而实现规模节约；三是在市场竞争中，人力资本积累的倾向使技术含量较高、生产效率较高的生产企业得到更快的发展，而在技术和效率水平低的企业或部门中，与这种经济发展过程相伴的是物质资本和人力资本不断地从低效率部门汇集到高效率部门，从而实现经济体内部资源配置的改善。另一方面，人力资本具有较强的专用性，其专用性形成于企业高管与员工的教育培训与工作经历，从而难以被模仿，容易形成企业的竞争优势，进而有助于提升企业全要素生产率（Hitt 等，2001）。因而，受益于较强专用性的特点，人力资本能够使其他企业难以获取相关的竞争优势，有助于企业长期与稳定地拥有竞争优势，从而促进企业全要素生产率的提高。

人力资本理论认为，个体的禀赋及经历的差异性，会导致人力资本存在较大的差异。不同个体因投入的时间与精力等不同，即使在同样的教育资源环境下，也会导致人力资本存在较大的差异。Kulik 和 Ambrose（1992）将高管与员工之间薪酬差距的内容分为高管薪酬溢价、员工薪酬溢价和行业薪酬差距三个部分，而在剖析内部薪酬差距的激励效果方面，Krueger 和 Summers（1988）认为高管薪酬溢价与员工薪酬溢价在内部薪酬差距的激励作用中占据主导地位。鉴于此，本书从企业内部的研究出发，探讨高管薪酬溢价与员工薪酬溢价对企业全要素生产率的影响，并比较二者对企业全要素生产率的影响程度。

结合上述人力资本溢价细分内容的不同，企业可以更加全方位地评价人力资本对效应的影响（Castello 和 Domenech，2002；Boekholt 等，2001）。尤其是处于经济转轨阶段的中国，人力资本溢价具有与上述结论相似的结果（李晶莹和齐中英，2008）。因而，人力资本溢价的提升会显著促进企业全要素生产率的提高（魏下海等，2011）。

在人力资本理论与收入分配理论中，教育的作用至关重要。收入与教育是人力资本理论中的两个重要概念。教育不平等会导致人力资本的差异，而人力资本的价值体现是收入，所以教育的不平等加剧了收入分配不平等的恶化，从而扩大了收入分配差距。不同资质个体的均衡工资产生差异的原因主要来自观测和计量方面，如果人力资本仅控制受教育程度、工作年限、性别以及职位等变量，而无法控制劳动力质量的全部差异，那么人力资本将难以得到准确、有效的衡量，而未被观测到的劳动力质量就会以收入差异的形式体现出来。这种因人力资本存量不同造成的工资差异难以被法律、制度或国家政策修正，因而会持续存在下去，使不同资质个体的均衡工资产生差异。在此背景下，员工薪酬溢价的提升可能会促进企业的投资效率，从而优化企业资源配置的效率，最终促进企业全要素生产率的提高。

同时，各类人力资本所有者对象化活动被看作是企业生产经营活动在不同阶段一体化与协同化的生产过程。企业家型人力资本、研发型人力资本、技能型人力资本和一般型人力资本的共同配合以及互相协作是实现企业长期稳定发展的关键。企业的生产经营是由不同生产主体协同完成的。高管在承担一定风险的情况下，提出创新生产的理念与决策。

由研发型人力资本进行研究开发活动，并进行样品实验；由技能型人力资本和一般型人力资本进行管理和生产活动，生产新产品；由营销人员通过对市场的开发，将产品销售出去，实现产品向商品的转化，进而实现经济收益。以上任何环节出现问题都会在一定程度上降低生产效率、影响生产效果、降低企业利润。所以，在生产经营的过程中，各类型人力资本的配合是十分重要的，因为这会直接影响企业的生产经营效果和利润。在此背景下，加大员工薪酬溢价能够有效促进企业员工在整个生产经营活动中提升工作积极性与努力程度，即有效发挥企业对员工的激励作用，从而促进企业全要素生产率的提高。

在企业拉大内部薪酬差距的过程中，既要强调对不同类型人力资本的占有和累积，也要注意各种类型人力资本的配置和使用。员工薪酬溢价的增长不仅能够提高企业的投资效率，而且能有效提高企业员工的工作效率与努力程度。因而，不同类型的人力资本以不同作用机制影响着企业生产效率和区域经济的发展，各种类型的人力资本缺一不可，企业全要素生产率是各类型人力资本共同作用的结果。

相对于员工薪酬溢价，高管薪酬溢价对企业全要素生产率的影响会更强。一方面，对员工而言，高管在企业生产经营中的作用更大，从而导致高管薪酬溢价对企业全要素生产率的作用强于员工薪酬溢价。同质人力资本应产生相同的劳动边际价值的前提是，劳动市场是充分竞争的环境，即充分的竞争会在一定程度上形成“同工同酬”的现象，这是新古典经济学的相关理念。然而，在现阶段的中国，“同工不同酬”的溢价现象因城乡劳动力市场分割、地区之间经济开放程度差异、收入流动性、持续性失业等的客观因素而普遍存在。Kulik 和 Ambrose（1992）认为薪酬差距的比较既可能存在于同一企业的管理层和普通员工之间，也可能存在于同行业不同企业的管理层之间以及员工之间。而相对于企业普通员工，高管的人力资本对技术创新的拉动作用更具长期性，导致企业全要素生产率的作用更强，但受限于相关数据，在其宏观经济领域内未必会完全支持，但从微观企业的角度还需要验证（覃家琦等，2009）。

另一方面，相对于员工薪酬溢价，高管薪酬溢价的激励效果更强，从而使得高管薪酬溢价对企业全要素生产率提升的激励效果更强。相对于员工的薪酬激励，高管的薪酬激励对企业经营效率的激励作用更大（Kulik 和 Ambrose，1992）。近年来，大量文献从教育、技能等角度实证分析了人力资本对企业全要素生产率的影响，大部分研究结论认为，人力资本能够显著促进企业全要素生产率的提高。然而，尽管不同质的人力资本溢价会一定程度上提升企业全要素生产率，但是高管的人力资本对企业生产效率的影响作用显著大于员工的人力资本（李唐等，2016）。因此，在此背景下，相对于员工薪酬溢价，高管薪酬溢价对企业全要素生产率的影响作用会更强。

据此，本书提出假设3。

假设3：员工薪酬溢价与高管薪酬溢价均会显著促进企业全要素生产率的提高，且相对于员工薪酬溢价，高管薪酬溢价对企业全要素生产率的影响更加显著。

5.1.2 核心高管薪酬溢价与非核心高管薪酬溢价

在第4章的理论分析与实证检验中，本书获取了企业高管之间薪酬差距有助于提高企业全要素生产率的经验证据。为揭开高管之间薪酬差距对企业全要素生产率的影响，本章依据人力资本理论的相关内容，将其分解为核心高管薪酬溢价与非核心高管薪酬溢价，来探讨二者对企业全要素生产率的影响，并辨析二者对上述影响是否存在显著差异。

Lazear 和 Rosen（1981）将锦标赛理论引入高管薪酬的理论研究领域，将企业中的高管视为锦标赛中互相竞争的对手，晋升和奖励制度的设置与实施则成为连续排除对手的竞赛；而在这种竞赛机制中，胜出者会享受职位的晋升与高额的薪酬回报，但落后者将停留在原地，甚至会被企业淘汰。同样，在企业锦标赛的竞争机制中，高管只有在业绩更加突出时，才能获得更好的职位晋升与额外薪酬。因此，依据锦标赛理论的相关内容，借助较高的内部薪酬差距产生的积极激励效果，高管会更加努力地工作，而其他人员也会为了自身薪酬与职位的晋升，来提高自身的工作效率，从而实现企业生产经营效率与效果的提升。

在此基础上，人力资本理论认为高管的内部存在较大的异质性，导致不同层级的高管对企业生产经营的贡献存在较大的差异。依据人力资本理论的相关内容，薪酬差异是从不同层级经营业绩的预测变量中产生的，内部薪酬差距制度的设置与实施体现了不同层级的高管对企业生产经营的贡献。处于经济转轨阶段的中国，对企业的高管仍采用相对集权的管理方式，层级较高的高管对企业生产经营的贡献也相对较大，导致其货币薪酬也较高（张正堂，2007）。因此，上级高管与下级管理者之间不仅在管理层级上存在差异，在薪酬上也应区别对待。

鉴于此，为进一步剖析内部薪酬差距对企业全要素生产率的作用，本书进一步细化高管的构成，探讨内部薪酬差距的激励作用。现有的相关研究是根据高管对企业生产经营的贡献程度，将高管分为核心高管和非核心高管，核心高管是领头羊，直接决定着企业生产经营的效率与效果，而非核心高管人数众多，主要负责贯彻核心高管的决策。尽管非核心高管构成了企业的中坚力量，但其重要性并不及核心高管（邵剑兵等，2014）。相对于非核心高管，核心高管不仅拥有更多的权力（陈震，2012），而且具有较强的信息优势（邵剑兵等，2014）。因此，剖析核心高管与非核心高管之间薪酬差距对企业全要素生产率的影响，有助于本书进一步明晰内部薪酬差距对企业全要素生产率的影响。

相对于非核心高管薪酬溢价，核心高管薪酬溢价对企业全要素生产率的促进作用更强，这是因为：

一方面，相对于非核心高管，核心高管对企业全要素生产率的提高作用最为突出。在企业高管中，核心高管具有主导决策活动的权力，可以统一调配团队资源以及指挥团队行动，并负责约束与激励团队成员的行为，对企业的产出效率具有决定性的影响。在此背景下，针对企业的具体生产与管理问题，高管团队中核心高管的行为方式对企业全要素生产率具有重要影响。

在经济转轨的现阶段，大部分中国企业存在核心高管与其他高管的权力明显不对称的问题，这主要是由企业选择的等级有序的层级管理架构决定的，这种管理框架对高管团队的分工合作以及决策的制定具有重大影响。薪酬激励可抑制企业的委托代理问题，削弱核心高管的风险规避性，对企业生产创新具有积极的促进作用（Coles 等，2006）。提升核心高管的薪酬会显著增加企业的专利数量以及研发支出（Balkin，2000；Lerner 和 Wulf，2007）。而鲁桐和党印（2014）也认为在现阶段的中国，提升高管的薪酬会显著激发企业的创新投入，提高企业科技投入要素的产出效率。因此，从上述分析可知，相对于非核心高管薪酬溢价，加大核心高管薪酬溢价不仅会激发核心高管的工作积极性，而且会促进企业的创新投入，从而有助于拉动企业全要素生产率的提高。

另一方面，相对于非核心高管，核心高管的人力资本更强，这会导致核心高管薪酬溢价对企业全要素生产率的作用更强。随着近年来核心高管的企业价值不断被认可，以及优秀核心高管的集中涌现，核心高管成为企业的一项重要的无形资产。核心高管在生产性和非生产性活动之间的配置对企业的技术创新以及创新的扩散程度有深刻的影响（Baumol，1990）。Marcus（2007）认为创新型的核心高管才是促进增长的内生变量。尽管各种类型的人力资本具有不同的经济职能，但是无论是对一个企业来说，还是对一个国家、一个区域来说，在现实经济活动中，任何类型的人力资本都是不可缺少的（庄子银，2007）。不同的人力资本具有不同的经济职能，在生产活动中发挥了不同的要素效用，对企业全要素生产率产生不同的影响，各层级的高管往往在从事企业生产工作的组织及管理活动中发挥积极的作用，在一定的薪酬激励作用下，与非核心高管相比，核心高管在对企业全要素生产率的影响上更能够凭借管理知识和经验，通过沟通、协调使企业生产活动顺利开展，有效激发各类型人力资本对知识、技能、经营的积累，使其发挥内部效应和外部效应，从而促进企业全要素生产率的提高。

此外，在生产力各要素中，核心高管作为一个重要的要素而独立存在。随着市场经济的发展，核心高管通常在对行业发展的判断和选择上具有一定的影响力。在生产经营的过程中，核心高管不仅要具备风险承担者的职能，还要具备协助完成技术、管理创新以及担当经济运行中间人等方面的能力。根据人力资本理论，生产率的提高与经济增长的关键要素在于企业家型人力资本，企业家型人力资本的各种能力属性也是核心高管实现自身职能的前提条件。

在引导企业创新的过程中，核心高管会带来原有产品市场状态的变化，新的生产函数的引入会带来市场结构的变化，核心高管获取的一定的创新利润会引发技术创新的示范效应，并吸引其他企业对创新的不断模仿，创新利润被不断分解，从而市场经济完成一个不均衡状态到均衡状态的商业周期。

而整个社会经济在创新中实现了技术的进步、劳动生产率的提高，并带动了经济的增长。

据此，本书提出假设4。

假设4：非核心高管薪酬溢价与核心高管薪酬溢价均会显著促进企业全要素生产率的提高，且相对于非核心高管薪酬溢价，核心高管薪酬溢价对企业全要素生产率的影响更加显著。

5.2 研究设计

5.2.1 样本数据

本章样本数据筛选的方式与第4章一致，因此不再赘述。

5.2.2 变量定义

(1) 薪酬溢价

为识别内部薪酬差距引发的企业全要素生产率激励机制，本章将高管薪酬和员工薪酬以及核心高管薪酬和非核心高管薪酬对企业全要素生产率的影响效应进行分解。Kulik 和 Ambrose（1992）指出，薪酬的比较既可能存在于同一企业的高管与员工之间，也可能存在于同行业不同企业的高管与员工之间。因此，本章将高管与员工之间的薪酬差距按照以下方式进行分解，并将核心管理层与非核心管理层内部薪酬差距进行分解，具体如模型（3）与模型（4）所示：

$$\text{Firm Pay Gap}=\frac{\text{Management Pay Premium}}{\text{Employee Pay Premium}}\times \text{Industry Pay Gap}$$

$$=\frac{\text{MPP}}{\text{EPP}}\times \text{IPG} \tag{3}$$

$$\text{Management Pay Gap}=\frac{\text{Core Management Pay Premium}}{\text{Non-core Management Pay Premium}}\times \text{Industry Pay Gap}$$

$$=\frac{\text{CMPP}}{\text{NCMPP}}\times \text{IPG}' \tag{4}$$

在模型（3）中，变量MPP表示高管薪酬溢价，是高管平均薪酬（AMP）与其“行业-年度”中位数的比值，反映了薪酬在同行业不同企业的高管之间的比较；变量EPP表示员工薪酬溢价，是员工平均薪酬（AEP）与其“行业-年度”中位数的比值，反映了薪酬在同行业不同企业的员工之间的比较；变量IPG表示行业内部薪酬差距，是高管平均薪酬的“行业-年度”中位数与对应的员工平均薪酬的“行业-年度”中位数的比值。

在模型（4）中，变量CMPP表示核心高管薪酬溢价，是核心高管平均薪酬（ACMP）与其“行业-年度”中位数的比值，反映了薪酬在同行业不同企业的核心高管之间的比较；变量NCMPP表示非核心高管薪酬溢价，是非核心高管平均薪酬（ANMP）与其“行业-年度”中位数的比值，反映了薪酬在同行业不同企业的员工之间的比较；变量IPG′表示行业内部薪酬差距，是核心高管平均薪酬的“行业-年度”中位数与对应的非核心高管平均薪酬的“行业-年度”中位数的比值。

具体而言，上述六个分解项的定义如下：

$$\text{MPP}=\frac{\text{AMP}}{\text{Industry - year median of AMP}} \tag{5}$$

$$\text{EPP}=\frac{\text{AEP}}{\text{Industry - year median of AEP}} \tag{6}$$

$$IPG = \frac{\text{Industry} - \text{year median of AMP}}{\text{Industry} - \text{year median of AEP}} \tag{7}$$

$$CMPP = \frac{\text{ACMP}}{\text{Industry} - \text{year median of ACMP}} \tag{8}$$

$$NCMPP = \frac{\text{ANMP}}{\text{Industry} - \text{year median of ANMP}} \tag{9}$$

$$IPG' = \frac{\text{Industry} - \text{year median of ACMP}}{\text{Industry} - \text{year median of ANMP}} \tag{10}$$

（2）控制变量

本章参考Kulik和Ambrose（1992）、黎文靖和胡玉明（2012）、步丹璐等（2017）、解维敏（2017）、孔东民等（2017）等的相关研究，选取以下控制变量：产权性质（Soe）、前十大股东持股比例（Topten）、经营业绩（Roa）、公司规模（Size）、资产负债率（Lev）、管理层持股比例（Mshare）、公司成长性（Growth）、资产结构（Tangibility）、存货周转率（Ito）、固定资产周转率（Fat）、董事会规模（Board）、人力投入回报率（Rop）、行业虚拟变量（Ind）、年度虚拟变量（Year），具体详见表5-1。

表5-1 变量定义表

变量类型	变量名称	变量符号	具体定义
被解释变量	企业全要素生产率	TFP	根据Levinsohn和Petrin（2003）的基本思路，借鉴鲁晓东和连玉君（2012）的研究设计，估算TFP
解释变量	员工薪酬溢价	EPP	员工平均薪酬与其“行业-年度”中位数的比值
	高管薪酬溢价	MPP	高管平均薪酬与其“行业-年度”中位数的比值
	核心高管薪酬溢价	CMPP	CEO平均薪酬与其“行业-年度”中位数的比值
	非核心高管薪酬溢价	NCMPP	非CEO高管平均薪酬与其“行业-年度”中位数的比值

续表

变量类型	变量名称	变量符号	具体定义
控制变量	产权性质	Soe	国有企业的，取值为1，否则，取值为0
	前十大股东持股比例	Topten	前十大股东持股数/总股数
	经营业绩	Roa	净利润/总资产
	公司规模	Size	上市公司当年总资产的自然对数
	资产负债率	Lev	负债账面价值/总资产账面价值
	管理层持股比例	Mshare	高管持股比例
	公司成长性	Growth	（本期营业收入-上期营业收入）/上期营业收入
	资产结构	Tangibility	（期末固定资产净额+期末存货）/期末总资产
	存货周转率	Ito	销售成本/平均存货余额
	固定资产周转率	Fat	销售收入/固定资产净值
	董事会规模	Board	包括独立董事在内的董事会人数
	人力投入回报率	Rop	税前利润/薪酬总额，取对数
	行业虚拟变量	Ind	依据2012年证监会行业分类，制造业细分至二级类，共计21个行业，设置了20个虚拟变量
	年度虚拟变量	Year	2007—2016年，设置了9个虚拟变量

5.2.3 模型设计

本章参考Kulik和Ambrose（1992）、黎文靖和胡玉明（2012）、步丹璐（2012）的相关研究，通过模型（11）和模型（12）来识别内部薪酬差距引发的企业全要素生产率激励机制。通过模型（11）来佐证假设3，通过模型（12）来佐证假设4。模型（11）和模型（12）具体如下：

$$TFP_{i,t} = \beta_0 + \beta_1 PP_{i,t} + \gamma Control + Year + Ind + \varepsilon_{i,t} \tag{11}$$

$$TFP_{i,t} = \beta_0 + \beta_1 MPP_{i,t} + \gamma Control + Year + Ind + \varepsilon_{i,t} \tag{12}$$

其中，在模型（11）和模型（12）中，$PP_{i,t}$与$MPP_{i,t}$分别代表高管薪酬溢价和员工薪酬溢价与核心高管薪酬溢价和非核心高管薪酬溢价；

Control为控制变量，Year与Ind分别代表年度与行业虚拟变量。

5.3 实证结果与分析

5.3.1 描述性统计分析

本章相关变量的描述性统计结果具体见表5-2。

表5-2 各变量的描述性统计结果

变量	均值	标准差	最小值	中位数	最大值
TFP	14.849	0.954	13.266	14.759	16.794
EPP	1.341	1.795	0.121	1.002	20.238
MPP	1.263	1.012	0.137	1.101	7.537
NCMPP	1.267	1.016	0.139	1.000	7.571
CMPP	1.342	1.376	0.000	1.020	10.872
Soe	0.420	0.497	0.000	0.000	1.000
Topten	0.580	0.478	0.177	0.588	0.914
Roa	0.039	0.066	-0.371	0.037	0.296
Size	21.879	1.455	18.466	21.678	28.194
Lev	0.464	0.259	0.033	0.452	0.924
Mshare	0.061	0.134	0.000	0.002	0.646
Growth	0.164	0.293	-0.375	0.128	1.532
Tangibility	0.453	0.181	0.124	0.378	0.769
Ito	14.376	67.299	0.077	3.691	801.868
Fat	9.317	29.527	0.159	2.918	314.206
Board	8.851	1.532	6.000	9.000	12.000
Rop	1.484	2.773	-8.695	0.902	19.984

在表5-2中，相关变量的描述性统计结果主要包括变量的均值、标准差、最小值、中位数和最大值。其中，TFP的相关类变量的统计特征已在第4章分析了，本章不再赘述。样本企业中，EPP的均值与中位数分别为1.341和1.002、标准差为1.795、最小值为0.121、最大值为20.238，上述统计结果表明，企业员工之间存在较大的薪酬差异。MPP的均值与中位数分别为1.263和1.101、标准差为1.012、最大值为7.537、最小值为0.137，上述统计结果说明，企业高管之间存在较大的薪酬差异。NCMPP的均值与中位数分别为1.267和1.000、标准差为1.016、最小值为0.139、最大值为7.571。CMPP的均值与中位数分别为1.342和1.020、标准差为1.376、最大值为10.872、最小值为0.000。上述统计结果表明，无论是核心高管薪酬，还是非核心高管薪酬，都在溢价方面存在较大差距。在这四种薪酬溢价中，核心高管薪酬溢价的均值是最高的，这符合现实中企业核心高管薪酬的平均水平最高的基本事实。而员工薪酬溢价的均值是这四种薪酬溢价中第二高的，这说明在企业人力资本中员工薪酬存在严重不均衡的现象，但整体薪酬水平低的状况已得到改善。企业对员工的激励愈加重视，员工对企业价值的创新功能才能被尊重和认可。

5.3.2 相关性系数分析

本章变量的Pearson相关性检验结果见表5-3。

表5-3给出了主要变量之间的相关性系数分析结果。首先，TFP与EPP的相关性系数为0.139，并在1%的水平上显著，初步表明高管薪酬溢价和员工薪酬溢价都能够提高企业全要素生产率；TFP与MPP的相关性系数为0.366，并在1%的水平上显著。TFP与NCMPP的相关性系数为0.370，并在1%的水平上显著。TFP与CMPP的相关性系数为0.287，并在1%的水平上显著，初步表明非核心高管薪酬溢价和核心高管薪酬溢价都能够提高企业全要素生产率。上述结果初步印证了本书对人力资本的理论分析，即不同的人力资本能够促进企业生产效率的提高，但其影响效果不同。上述相关性系数分析结果初步验证了假设3与假设4。

表5-3 相关性系数分析结果

变量	TFP	EPP	MPP	NCMPP	CMPP	Soe	Topten	Roa	Size	Lev	Mshare	Growth	Tangibility	Ito	Fat	Board	Rop
TFP	1																
EPP	0.139***	1															
MPP	0.366***	0.792***	1														
NCMPP	0.370***	0.230***	0.051***	1													
CMPP	0.287***	0.366***	0.055***	0.771***	1												
Soe	0.063***	0.024***	0.098***	0.031***	0.00700	1											
Topten	0.122***	0.081***	-0.022***	0.085***	0.050***	-0.070***	1										
Roa	0.100***	0.070***	0.018***	0.066***	0.108***	-0.121***	0.150***	1									
Size	0.157***	0.115***	0.041***	0.122***	0.126***	0.108***	0.107***	0.001	1								
Lev	0.116***	0.061***	0.045***	0.064***	0.053***	0.241***	-0.159***	-0.088***	0.090***	1							
Mshare	-0.103***	-0.053***	-0.071***	-0.051***	-0.066***	-0.375***	0.138***	0.159***	-0.224***	-0.088***	1						
Growth	0.076***	-0.020***	0.026***	-0.019***	-0.018**	-0.049***	0.095***	0.127***	0.022***	0.045***	0.006	1					
Tangibility	-0.024***	-0.008	-0.009	-0.007	-0.010	-0.072***	0.114***	0.057***	0.024***	-0.013*	0.073***	0.151***	1				
Ito	-0.003	-0.026***	0.029***	-0.027***	-0.024***	0.051***	0.025***	0.039***	0.015**	-0.027***	-0.012*	0.021***	0.008	1			
Fat	0.176***	0.011	0.062***	0.009	0.021***	-0.030***	0.019***	0.032***	0.029***	0.119***	0.001	0.127***	-0.024***	0.052***	1		
Board	0.102***	0.108***	0.019***	0.114***	0.104***	0.276***	0.017***	-0.007	0.108***	0.104***	-0.108***	-0.032***	-0.036***	0.016**	-0.055***	1	
Rop	0.135***	0.083***	0.044***	0.080***	0.078***	-0.060***	0.156***	0.173***	0.112***	-0.100***	0.026***	0.102***	0.085***	0.030***	0.135***	-0.010	1

注：***、**、*分别表示在1%、5%和10%的水平上显著。

5.3.3 统计结果分析

表5-4给出了模型（11）与模型（12）的回归结果。其中，被解释变量为TFP；第（1）列至第（4）列的解释变量分别为EPP、MPP、NCMPP和CMPP，具体见表5-4。

表5-4 模型（11）与模型（12）的回归结果

变量	TFP			
	（1）	（2）	（3）	（4）
EPP	0.030*** （15.322）			
MPP		0.052*** （11.671）		
NCMPP			0.033*** （10.315）	
CMPP				0.061*** （11.990）
Soe	-0.077** （-2.067）	-0.099* （-1.737）	-0.097* （-1.791）	-0.100* （-1.748）
Topten	0.002*** （5.301）	0.002*** （6.025）	0.001*** （6.571）	0.002*** （5.477）
Roa	2.826*** （25.781）	2.651*** （23.842）	2.732*** （24.373）	2.680*** （23.801）
Size	0.519*** （47.551）	0.502*** （45.942）	0.510*** （40.964）	0.502*** （44.266）
Lev	0.523*** （19.421）	0.522*** （19.642）	0.521*** （19.132）	0.526*** （19.375）
Mshare	0.031 （1.140）	0.021 （0.807）	0.042 （1.311）	0.020 （0.762）

续表

变量	TFP			
	(1)	(2)	(3)	(4)
Growth	0.045*** (7.712)	0.047*** (8.263)	0.048*** (8.212)	0.048*** (8.273)
Tangibility	−0.033*** (−9.951)	−0.032*** (−9.972)	−0.032*** (−9.721)	−0.032*** (−9.628)
Ito	−0.001 (−0.771)	−0.002 (−0.282)	−0.002 (−0.290)	−0.001 (−0.255)
Fat	0.007*** (25.447)	0.007*** (25.722)	0.007*** (25.591)	0.007*** (25.636)
Board	0.001 (0.101)	−0.001 (−0.308)	−0.002 (−0.907)	−0.003 (−0.399)
Rop	−0.019*** (−7.021)	−0.016*** (−6.043)	−0.018*** (−6.504)	−0.017*** (−6.060)
Con	2.840*** (31.821)	3.179*** (33.802)	3.061*** (33.152)	3.196*** (33.455)
Ind/Year	Control	Control	Control	Control
Adj.R^2	0.451	0.442	0.443	0.451
F值	197.141	204.532	199.782	231.761
N	14 249	14 249	14 249	14 249
第（1）列与第（2）列中EPP系数与MPP系数的比较：chi^2（1）=18.13 Prob > chi^2 =0.000				
第（3）列与第（4）列中NCMPP系数与CMPP系数的比较：chi^2（1）=23.77 Prob > chi^2 =0.000				

注：***、**、*分别表示在1%、5%和10%的水平上显著；括号内的数据为t值。

在表5-4的第（1）列中，EPP的系数为0.030，且在1%的水平上显著，回归结果与本章理论文献部分所述相符，即员工薪酬溢价的增长会显著促进企业全要素生产率提高，说明员工激励对企业全要素生产率有正向影响。具体而言，上述回归结果说明，对普通员工而言，在一定程度上薪酬差距能够使员工认识到只有通过努力工作提升其工作效率，才可促进企业全要素生产率的提高，从而获取较多的薪酬激励。上述回归结果与Faleye等（2013）、黎文靖和胡玉明（2012）的相关研究内容相符。在表5-4的第（2）列中，MPP的系数为0.052，且在1%的水平上显著，回归结果表明高管薪酬溢价的增长会显著促进企业全要素生产率的提高，印证了高管激励对企业全要素生产率的正向效应。

同时，在表5-4的第（1）列中EPP的系数显著小于第（2）列中MPP的系数，表明高管薪酬溢价对企业全要素生产率的影响作用显著高于员工薪酬溢价。上述回归结果表明，一方面，员工薪酬溢价与高管薪酬溢价都会显著促进企业全要素生产率的提高；另一方面，相对于员工薪酬溢价，高管薪酬溢价对企业全要素生产率的影响更强。上述回归结果契合了本章理论分析的相关内容，从提升企业长期利益和综合发展的角度来讲，企业对管理层的激励更能有效地缓解代理冲突，这与Coles等（2006）、Lin等（2011）的研究分析一致。因此，上述相关回归结果支持假设3。

在表5-4的第（3）列中，NCMPP的系数为0.033，且在1%的水平上显著，表明非核心高管薪酬溢价的增长也会显著促进企业全要素生产率的提高。而在表5-4的第（4）列中，CMPP的系数为0.061，且在1%的水平上显著，回归结果表明核心高管薪酬溢价的增加会显著促进企业全要素生产率的提高。在将高管之间薪酬差距分解为核心高管薪酬溢价与非核心高管薪酬溢价后，上述回归结果表明二者的增长均会显著促进企业全要素生产率的提高，与相关理论分析的内容相符。

同时，在表5-4的第（3）列中NCMPP的系数显著小于第（4）列中CMPP的系数，表明核心高管薪酬溢价对企业全要素生产率的影响作用显著高于非核心高管薪酬溢价。上述回归结果契合了本章理论分析的相关内容。因此，上述相关回归结果支持假设4。在控制变量方面，本章的相关结果与第4章的回归结果相似，这里不再赘述。

5.4 稳健性检验

为增强本章结论的稳健性，下面将从变更相关度量指标与探讨内生性两个方面，重新检验本章的相关研究假设。

（1）变更相关度量指标

变更企业全要素生产率的度量方式。为进一步提升企业全要素生产率度量的准确性，本章根据Olley 和 Pakes（1996）的基本思路，借鉴鲁晓东和连玉君（2012）的研究设计，重新估算企业全要素生产率，即运用OP法重新测算企业全要素生产率，记为TFP_OP。在此基础上，借助模型（12）重新检验本章研究假设的相关内容。相关回归结果与本章的研究假设内容相符，回归结果具体见表5-5。

表5-5 变更企业全要素生产率的度量指标后模型（11）与模型（12）的回归结果

变量	TFP_OP			
	(1)	(2)	(3)	(4)
EPP	0.002*** (6.931)			
MPP		0.004*** (7.912)		
NCMPP			0.002*** (8.747)	
CMPP				0.005*** (20.834)
Soe	−0.005* (−1.700)	−0.005* (−1.721)	−0.005* (−1.790)	−0.004* (−1.760)
Topten	−0.001 (−0.090)	−0.001 (−0.102)	−0.001 (−0.071)	−0.001 (−0.062)
Roa	0.193*** (19.090)	0.190*** (18.980)	0.193*** (19.271)	0.197*** (20.362)

续表

变量	TFP_OP			
	(1)	(2)	(3)	(4)
Size	0.017*** (41.794)	0.017*** (42.105)	0.017*** (44.481)	0.017*** (48.527)
Lev	0.004* (1.841)	0.004 (1.564)	0.004* (1.757)	0.004* (1.770)
Mshare	−0.015*** (−5.181)	−0.015*** (−5.274)	−0.014*** (−4.801)	−0.014*** (−4.932)
Growth	0.003*** (4.730)	0.003*** (4.761)	0.003*** (4.215)	0.003*** (4.323)
Tangibility	−0.001*** (−3.301)	−0.001*** (−3.205)	−0.001*** (−3.312)	−0.001*** (−3.264)
Ito	0.002*** (12.181)	0.001*** (12.141)	0.003*** (12.162)	0.001*** (11.101)
Fat	0.001*** (14.221)	0.002*** (14.261)	0.003*** (14.143)	0.002*** (13.834)
Board	0.001** (2.012)	0.001** (2.009)	0.001** (2.071)	0.003** (2.015)
Rop	0.002*** (4.492)	0.001*** (4.631)	0.001*** (4.418)	0.003*** (4.195)
Con	1.306*** (31.307)	1.308*** (33.935)	1.302*** (37.532)	1.289*** (35.481)
Ind/Year	Control	Control	Control	Control
Adj.R^2	0.431	0.412	0.425	0.430
F值	188.247	211.175	197.127	240.149
N	14 249	14 249	14 249	14 249

第（1）列与第（2）列中EPP系数与MPP系数的比较：chi^2（1）=23.57 Prob > chi^2 =0.000

第（3）列与第（4）列中NCMPP系数与CMPP系数的比较：chi^2（1）=26.19 Prob > chi^2 =0.000

注：***、**、*分别表示在1%、5%和10%的水平上显著；括号内的数据为t值。

在表5-5的第（1）列与第（2）列中，EPP和MPP的系数分别为0.002和0.004，且均在1%的水平上显著，第（3）列与第（4）列中，NCMPP和CMPP的系数分别为0.002和0.005，且均在1%的水平上显著。同时，第（1）列中EPP的系数显著小于第（2）列中MPP的系数，第（3）列中NCMPP的系数显著小于第（4）列中CMPP的系数，进而分别增强了假设3和假设4的研究内容的稳健性。

（2）内生性问题

①工具变量法。韩晓梅等（2016）认为个人所得税税率调整会影响个体的税后收入。为此，本章参考孔东民等（2017）的相关研究，借助中国个人所得税税率的调整构建工具变量，对基准回归结果的稳健性进行检验。根据管理层及普通员工的平均年收入，本章利用当年的个人所得税税率估计其税后平均年收入，分别将变量EPPIV、MPPIV、NCMPPIV和CMPPIV作为解释变量EPP、MPP、NCMPP和CMPP的工具变量，并借助模型（12）重新检验本章相关假设。其中，在第一阶段的回归结果中，工具变量的系数分别显著大于零，且Adj.R^2值也较大。为了避免稳健性检验过于繁杂，第一阶段的回归结果不再列示。第二阶段的回归结果具体见表5-6。

表5-6　　工具变量回归结果

变量	TFP			
	（1）	（2）	（3）	（4）
EPPIV	0.014*** （4.731）			
MPPIV		0.043*** （9.491）		
NCMPPIV			0.032*** （7.893）	
CMPPIV				0.059*** （10.194）

续表

变量	TFP			
	(1)	(2)	(3)	(4)
Soe	-0.086** (-2.443)	-0.097** (-2.502)	-0.096** (-2.498)	-0.094** (-2.387)
Topten	0.001** (2.012)	0.001* (1.897)	0.001*** (2.603)	0.002** (2.110)
Roa	2.810*** (25.863)	2.643*** (24.125)	2.690*** (24.529)	2.643*** (24.224)
Size	0.523*** (43.096)	0.506*** (40.317)	0.509*** (41.577)	0.506*** (41.609)
Lev	0.512*** (19.309)	0.516*** (19.693)	0.514*** (19.572)	0.512*** (19.530)
Mshare	-0.029 (-0.815)	-0.031 (-0.777)	-0.032 (-0.825)	-0.031 (-1.128)
Tangibility	-0.032*** (-10.098)	-0.033*** (-10.041)	-0.032*** (-10.000)	-0.031*** (-10.046)
Growth	0.045*** (8.061)	0.046*** (8.322)	0.046*** (8.276)	0.046*** (8.205)
Ito	-0.001 (-0.490)	-0.001 (-0.407)	-0.001 (-0.425)	-0.001 (-0.402)
Fat	0.007*** (25.884)	0.007*** (25.798)	0.008*** (25.866)	0.007*** (25.769)
Board	-0.001* (-1.781)	-0.003* (-1.807)	-0.001* (-1.727)	-0.004* (-1.791)
Rop	-0.019*** (-7.256)	-0.017*** (-6.379)	-0.018*** (-6.605)	-0.018*** (-6.468)

续表

变量	TFP			
	（1）	（2）	（3）	（4）
Con	2.818*** （31.787）	3.113*** （33.301）	3.065*** （32.884）	3.105*** （33.440）
Ind/Year	Control	Control	Control	Control
Adj.R^2	0.412	0.431	0.423	0.471
F 值	182.301	189.917	173.825	202.331
N	14 249	14 249	14 249	14 249
第（1）列与第（2）列中 EPPIV 系数与 MPPIV 系数的比较：chi^2（1）=37.71 Prob > chi^2 =0.000				
第（3）列与第（4）列中 NCMPPIV 系数与 CMPPIV 系数的比较：chi^2（1）=31.02 Prob > chi^2 =0.000				

注：***、**、*分别表示在1%、5%和10%的水平上显著；括号内的数据为t值。

在表5-6的第（1）列与第（2）列中，EPPIV和MPPIV的系数分别为0.014和0.043，且均在1%的水平上显著，第（3）列与第（4）列中NCMPPIV和CMPPIV的系数分别为0.032和0.059，且均在1%的水平上显著。同时，第（1）列中EPPIV的系数显著小于第（2）列中MPPIV的系数，第（3）列中NCMPPIV的系数显著小于第（4）列中CMPPIV的系数，进而分别测度了假设3和假设4的研究内容的稳健性。

②滞后一期。在企业经营管理实践中，企业的内部薪酬差距对企业全要素生产率的影响存在滞后的情况。因此，参考孔东民等（2017）的相关研究，本章将内部薪酬差距滞后一期，即分别以变量EPPL、MPPL、NCMPPL和CMPPL代替解释变量EPP、MPP、NCMPP和CMPP，并借助模型（12）重新检验本章的相关假设内容，回归结果具体见表5-7。

表5-7 模型（12）滞后一期的回归结果

变量	TFP			
	（1）	（2）	（3）	（4）
EPPL	0.011*** （4.008）			
MPPL		0.027*** （8.919）		
NCMPPL			0.030*** （7.288）	
CMPPL				0.047*** （9.996）
Soe	-0.082* （-1.712）	-0.093* （-1.791）	-0.094* （-1.708）	-0.093* （-1.789）
Topten	0.001*** （5.024）	0.001*** （4.807）	0.001*** （4.901）	0.002*** （5.103）
Roa	2.947*** （25.640）	2.802*** （24.276）	2.833*** （24.508）	2.676*** （24.575）
Size	0.518*** （56.673）	0.503*** （54.730）	0.505*** （55.492）	0.507*** （51.069）
Lev	0.558*** （19.653）	0.563*** （20.048）	0.561*** （19.888）	0.513*** （19.454）
Mshare	-0.030 （-0.610）	-0.024 （-0.514）	-0.024 （-0.530）	-0.028 （-1.032）
Tangibility	-0.033*** （-10.026）	-0.032*** （-9.594）	-0.031*** （-9.591）	-0.032*** （-10.005）
Growth	0.044*** （7.323）	0.046*** （7.791）	0.046*** （7.719）	0.048*** （8.491）
Ito	-0.001 （-0.723）	-0.001 （-0.690）	-0.001 （-0.701）	-0.001 （-0.401）

续表

变量	TFP			
	(1)	(2)	(3)	(4)
Fat	0.007*** (25.054)	0.007*** (25.133)	0.006*** (25.171)	0.007*** (25.762)
Board	-0.003 (-1.132)	-0.003 (-1.199)	-0.002 (-1.071)	-0.003 (-1.003)
Rop	-0.019*** (-6.706)	-0.016*** (-5.813)	-0.016*** (-5.968)	-0.017*** (-6.527)
Con	2.964*** (21.879)	3.237*** (23.087)	3.192*** (22.625)	3.091*** (23.168)
Ind/Year	Control	Control	Control	Control
Adj.R^2	0.446	0.447	0.450	0.457
F 值	173.915	240.401	201.912	221.407
N	11 785	11 785	11 785	11 785
第（1）列与第（2）列中EPPL系数与MPPL系数的比较：chi^2（1）=26.47 Prob> chi^2 =0.000 第（3）列与第（4）列中NCMPPL系数与CMPPL系数的比较：chi^2（1）=17.03 Prob > chi^2 =0.000				

注：***、**、*分别表示在1%、5%和10%的水平上显著；括号内的数据为t值。

在表5-7的第（1）列与第（2）列中，EPPL和MPPL的系数分别为0.011和0.027，且均在1%的水平上显著，第（3）列与第（4）列中NCMPPL和CMPPL的系数分别为0.030和0.047，且均在1%的水平上显著。同时，第（1）列中EPPL的系数显著小于第（2）列中MPPL的系数，第（3）列中NCMPPL的系数显著小于第（4）列中CMPPL的系数，进而分别测度了假设3和假设4的研究内容的稳健性。

5.5 本章小结

本章聚焦于探索内部薪酬差距中不同人力资本对企业全要素生产率影响的内在机制。首先，剖析了内部薪酬差距对企业全要素生产率的影响机制。其次，实证检验上述研究假设并对研究假设进行了稳健性检验。研究发现，在高管与员工之间薪酬差距对企业全要素生产率的影响中，员工薪酬溢价与高管薪酬溢价均会促进企业全要素生产率的提高，且高管薪酬溢价的影响更显著。在高管之间薪酬差距对企业全要素生产率的影响中，核心高管与非核心高管的薪酬溢价均会显著促进企业全要素生产率的提高，且核心高管溢价的影响更显著。

6 异质性特征在内部薪酬差距对企业全要素生产率影响中的作用

本章在前文研究的基础上，聚焦于产权性质与CEO权力的研究视角，探讨内部薪酬差距对企业全要素生产率影响中的作用。具体而言，本章首先探讨在不同的产权性质下，内部薪酬差距对企业全要素生产率的影响作用，并提出相关研究假设；其次，进一步实证检验CEO权力在内部薪酬差距上对企业全要素生产率的调节作用；最后，借助稳健性检验，来增强本章研究设计的严谨性。

6.1 理论分析与研究假设

6.1.1 产权性质调节效应的理论分析与研究假设

以公有制经济为主体的中国正处于经济转轨阶段，国有企业在推动国民经济与社会发展等方面占据着极其重要的地位。尤其是在高管薪酬制度改革成为国有企业改革重要举措的背景下，国有企业与非国有企业在激励高管及员工方面存在很多不同。因此，内部薪酬差距在国有企业与非国有企业中，对企业全要素生产率的影响作用会存在一定的差异。

一方面，相对于非国有企业，国有企业内部薪酬差距的激励效果会受到其剩余索取权与经营权分离的影响而减弱。国有企业实施统一的薪酬管制会避免由于信息不对称而无法制定出完全符合企业发展特点的薪酬契约（陈冬华等，2005）。国有企业高管薪酬决定机制及公司治理结构，并没有在缓解高管薪酬增长过快和缩小薪酬差距方面发挥应有的作用（方芳和李实，2015）。而且国家薪酬管制政策对国有企业高管团队薪酬差距、高管与员工薪酬差距和高管薪酬具有扼制作用（林琳和潘琰，2019）。因此，相对于非国有企业，国有企业的剩余索取权难以向经营者让渡，从而会在一定程度上降低高管与员工的工作积极性与努力程度（Peters，2014）。

综上所述，剩余索取权与经营控制权较大的情况会诱发国有企业所有者与经营者之间委托代理问题的加重，从而导致委托代理成本增加。同时，剩余索取权与经营控制权的分离程度过大会加大对高管的激励制度，并将经营业绩作为高管激励的重要内容，这在一定程度上弱化了高管的风险承担意愿，并增强了其生产经营的短视行为。在此背景下，尽管由前文的理论分析与实证检验结果可知，拉大国有企业内部薪酬差距会发挥一定的激励效果，促进企业全要素生产率的提高，但相对于非国有企业，国有企业内部薪酬差距的激励效果会因上述剩余索取权与经营控制权分离的影响而减弱。

另一方面，相对于非国有企业，国有企业内部薪酬差距的程度会受到严格的政策限制，导致无法借助内部薪酬差距的加大激励高管提升其企业全要素生产率。在“更加注重社会公平”分配原则与一系列“限薪令”相继出台的背景下，外部媒体监督会对企业薪酬差距产生影响（何融，2018）。同时，国有企业内部薪酬差距面临严格的政策约束，且上述政策会加剧国有企业管理薪酬的曝光率，而过大的内部薪酬差距会加剧员工与社会公众质疑过高的薪酬是否会成为国有企业高管谋取私有利益的手段。所以，为了获得晋升机会，企业高管会更加追求政治绩效，以缓解当地政府的政策性负担或者实现政府官员的政治晋升目标。在“限薪令”的背景下，国有企业会减少货币性薪酬，缩小薪酬差距，树立良好的公众形象（步丹璐，2017）。

同时，国有企业高管通过扩大薪酬差距来实现企业投资水平和经营业绩的提升，并不有效。其主要原因是大部分的国有企业高管并不是考核选拔产生的，而是政府委派的，国有企业经理人选聘的市场化程度不高，其薪资水平与个人能力和个人绩效的相关性较弱（刘敏和冯丽娟等，2015）。高管的晋升选拔不完全与其业绩表现相对应。而非国有企业高管的选聘和薪酬的制定与执行则更贴近市场原则，即企业高管主要来自公开的市场，通过竞争选聘而来，个人能力和价值创造力也是晋升选拔中最主要的内容（刘芍佳等，2003）。

相对于非国有企业，国有企业高管会更加倾向于借助晋升带来的权力来获取更多的薪酬、在职消费及权力寻租等利益行为（辛清泉和谭伟强，2009）。而“限薪令”政策对非国有企业内部薪酬差距的限定较低，且其任免和薪酬的市场化程度也较高，从而促进高管薪酬与公司业绩之间的联系程度，降低高管追逐晋升的动机与意愿（张兆国等，2014）。因此，在企业内部高管之间薪酬差距与企业全要素生产率的关联关系中，与国有企业相比，非国有企业高管之间薪酬差距增大会提升企业全要素生产率。

由此可知，薪酬和晋升的制约会限制国有企业内部薪酬差距的激励作用。与业绩挂钩的职位晋升与薪酬水平都是非国有企业的基本激励方式，无论是高管还是员工都会因内部薪酬差距的差异激励，在提升自身价值动机的同时，提升企业全要素生产率。因此，在不同产权性质的企业中，内部薪酬差距对企业全要素生产率的影响程度会存在一定的差异。

基于以上分析，本书提出假设5与假设6。

假设5：相对于国有企业，在非国有企业中，高管与员工之间薪酬差距对企业全要素生产率的影响更大。

假设6：相对于国有企业，在非国有企业中，高管之间薪酬差距对企业全要素生产率的影响更大。

6.1.2 CEO权力调节效应的理论分析与研究假设

管理层理论认为高管最优薪酬契约的激励作用往往存在一定的噪声，从而无法发挥其应有的作用。Bebchuk等（2002）提出了管理层权力理论，公司内部治理机制的欠缺是高管能够借助自身的权力与影响俘获董事会，试图操纵高管薪酬制度，并在薪酬契约设计与执行的过程中进行干预。在高管团队中，CEO往往比其他高管的权力更大。因此，CEO权力会扭曲其薪酬契约的激励作用，阻碍内部薪酬差距对企业全要素生产率的促进作用。

在一定程度上，管理层权力理论认为高管薪酬并非是缓解企业所有者与高管之间委托代理问题的有效工具，而是CEO通过俘获董事会以谋取私有收益的一种重要手段（Bebchuk等，2002）。尽管改革开放以来，在市场化改革的推行过程中，中国企业高管薪酬与经营业绩逐步呈现了显著的正向相关关系（辛清泉和谭伟强，2009）；但近年来接连曝光的“天价薪酬”以及薪酬与业绩不匹配的乱象也印证了高管会借助薪酬契约谋取私有利益。最优契约理论认为，市场条件发育成熟且具有有效的约束性、董事会谈判的有效性以及股东能够有效行使权力是最优薪酬契约能够成立的三个方面。然而，在现阶段的中国，董事会缺乏独立性以及市场经济尚不成熟等诸多问题，导致公司治理并未发挥应有的效用，董事会并非能够完全站在股东的立场执行与实施高管薪酬契约（卢锐等，2008）。

同时，中国企业在改革过程中，随着政府权力不断下放、管理层权力日益彰显、外部治理机制的效率低下以及国有企业存在严重的所有者虚位现象，都是“内部人控制”局面产生的原因（权小锋等，2010）。管理层权力问题还没有得到有效制约和规范的主要原因是：一是内外部治理机制尚不完善；二是在制度环境方面监督制衡机制还略有欠缺。在这样的背景下，基于从“有效理性”的角度考虑，管理层有动机进行权力寻租。因此，在高管权力增加的背景下，拉大内部薪酬差距并非是激发高管工作积极性与提升其努力程度的结果，而存在高管借助薪酬差距机制谋取私有收益的动机。在此背景下，CEO会根据薪酬契约的约定内容，实现自身的私有收益，而非提升企业的资源配置效率，从而会加大内部薪酬差距，促进企业全要素生产率的提高。

另外，CEO也会借助其自身权力与影响，拓宽其谋取私有收益的渠道。例如，CEO的权力不仅仅局限于货币薪酬以及持股收益，还包括以在职消费等方式来实现自身的私有收益（张丽平等，2013）。此时，CEO无须单纯依靠薪酬激励补偿来获得收益，从而导致CEO优化企业资源配置的动机与意愿下降。同时，CEO往往会借助自身的权力和掌握的信息优势谋取私有利益，将其与非核心高管的薪酬差距拉大。此时又会产生新的代理问题，即CEO权力扩大后，CEO会运用权力获得超过最优薪酬契约商定的合理薪酬部分，使原本有效解决代理问题的工具，即薪酬激励契约失效。制衡结构上的欠缺以及管理层权力的集中等的管理缺失均为CEO滥用权力提升自身薪酬提供了一定的前提条件（盛明泉等，2016）。

基于以上分析，本书提出假设7与假设8。

假设7：相对于CEO权力较大的企业，在CEO权力较小的企业中，高管与员工之间薪酬差距对企业全要素生产率的影响更大。

假设8：相对于CEO权力较大的企业，在CEO权力较小的企业中，高管之间薪酬差距对企业全要素生产率的影响更大。

6.2 研究设计

6.2.1 样本数据

样本数据筛选的方式与第5章一致，因此不再赘述。

6.2.2 变量定义

（1）产权性质

根据企业最终控制人的性质来判断，如果是国有股东控股，取值为1，否则，取值为0，记为Soe。

（2）CEO权力

结合中国上市公司管理层特点和国内学者的研究，并借鉴Grinstein等（2004）和权小锋等（2010）的相关研究，对8个指标进行加总后计算平均值，记为Power。CEO权力衡量指标及其定义见表6-1。

表6-1 CEO权力衡量指标及其定义[①]

两职合一	X_1	CEO兼任董事长的，取值为1，否则，取值为0
股权制衡度	X_2	第一大股东持股比例除以第二至第十大股东持股比例之和小于1的，取值为1，否则，取值为0
董事会规模	X_3	董事会规模超过行业均值的，取值为1，否则，取值为0
CEO职称[①]	X_4	CEO具有高级职称的，取值为1，否则，取值为0
CEO任期	X_5	CEO任期超过行业均值的，取值为1，否则，取值为0
CEO学历	X_6	CEO具有硕士以上学历的，取值为1，否则，取值为0
CEO是否持股	X_7	CEO持有本公司股票的，取值为1，否则，取值为0
CEO是否在外兼职	X_8	CEO在外兼职的，取值为1，否则，取值为0

（3）控制变量

根据现有内部薪酬差距与企业经济后果的研究，本章选取以下控制变量：前十大股东持股比例（Topten）、经营业绩（Roa）、公司规模（Size）、资产负债率（Lev）、管理层持股比例（Mshare）、公司成长性（Growth）、资产结构（Tangibility）、存货周转率（Ito）、固定资产周转率（Fat）、董事会规模（Board）、人力投入回报率（Rop）、行业虚拟变量（Ind）、年度虚拟变量（Year）。各变量定义见表6-2。

① 高级职称包括高级会计师、高级经济师、高级工程师、高级建筑师、律师、教授、注册会计师、注册资产评估师、高级国际商务师、国际商务师、副教授、研究院、副研究员、中科院以及中国工程院院士。

表6-2 **各变量定义**

变量类型	变量名称	变量符号	具体定义
被解释变量	企业全要素生产率	TFP	根据Levinsohn和Petrin（2003）的基本思路，借鉴鲁晓东和连玉君（2012）的研究设计，估算TFP
解释变量	高管与员工之间薪酬差距	MERWD	高管与员工之间薪酬的差额，取对数
	高管之间薪酬差距	MRWD	高管之间薪酬的差额，取对数
调节变量	产权性质	Soe	国有企业的，取值为1，否则，取值为0
	CEO权力	Power	合成指标，为8个虚拟变量的算术平均值
控制变量	前十大股东持股比例	Topten	前十大股东持股数/总股数
	经营业绩	Roa	净利润/总资产
	公司规模	Size	上市公司当年总资产的自然对数
	资产负债率	Lev	负债账面价值/总资产账面价值
	管理层持股比例	Mshare	高管持股比例
	公司成长性	Growth	（本期营业收入-上期营业收入）/上期营业收入
	资产结构	Tangibility	（期末固定资产净额+期末存货）/期末总资产
	存货周转率	Ito	销售成本/平均存货余额
	固定资产周转率	Fat	销售收入/固定资产净值
	董事会规模	Board	包括独立董事在内的董事会人数
	人力投入回报率	Rop	税前利润/薪酬总额，取对数
	行业虚拟变量	Ind	依据2012年证监会行业分类，制造业细分至二级类，共计21个行业，设置了20个虚拟变量
	年度虚拟变量	Year	2007—2016年，设置了9个虚拟变量

6.2.3 模型设计

为了考察不同企业特征下内部薪酬差距对企业全要素生产率的影响，本章在第4章中的基础回归模型的基础上，采取分组回归的方式来实现。基础模型如下：

$$TFP_{i,t} = \beta_0 + \beta_1 WD_{i,t} + \gamma Controls_{i,t} + Year + Ind + \varepsilon_{i,t} \tag{13}$$

其中，变量 $WD_{i,t}$ 代表i公司t年的内部薪酬差距，即高管与员工之间薪酬差距及高管之间薪酬差距。

（1）产权性质的调节作用检验

参考现有文献的相关研究，本章借助模型（13）按照国有产权性质与非国有产权性质分组检验，引入相关变量的交乘项，以检验产权性质的调节效应。

（2）CEO权力的调节作用检验

参考现有相关研究，本章借助模型（13）按照CEO权力的“行业-年度”中位数分组，引入相关变量的交乘项，以检验CEO权力的调节效应。

6.3 实证结果与分析

6.3.1 描述性统计分析

本章相关变量的描述性统计结果具体见表6-3。

表6-3 各变量的描述性统计结果

变量	均值	标准差	最小值	中位数	最大值
TFP	14.849	0.954	13.266	14.759	16.794
MERWD	4.326	3.585	0.011	3.379	25.576
MRWD	12.523	0.772	11.021	12.545	13.959
Soe	0.420	0.497	0.000	0.000	1.000
Power	0.379	0.193	0.000	0.375	1.000

续表

变量	均值	标准差	最小值	中位数	最大值
Topten	0.580	0.478	0.177	0.588	0.914
Roa	0.039	0.066	-0.371	0.037	0.296
Size	21.879	1.455	18.466	21.678	28.194
Lev	0.464	0.259	0.033	0.452	0.924
Mshare	0.061	0.134	0.000	0.002	0.646
Growth	0.164	0.293	-0.375	0.128	1.532
Tangibility	0.453	0.181	0.124	0.378	0.769
Ito	14.376	67.299	0.077	3.691	801.868
Fat	9.317	29.527	0.159	2.918	314.206
Board	8.851	1.532	6.000	9.000	12.000
Rop	1.484	2.773	-8.695	0.902	19.984

表6-3列示了主要变量的均值、标准差、最小值、中位数、最大值，被解释变量TFP和解释变量MERWD、MRWD的描述性统计结果已在第4章分析，不再赘述。由表6-3可知，Soe的均值与中位数分别为0.420和0.000、标准差为0.497，上述描述性统计结果表明在企业产权性质的分离中，非国有企业占比较大。Power的均值与中位数分别为0.379和0.375、标准差为0.193，上述描述性统计结果表明CEO权力相对较大。

6.3.2 相关性系数分析

本章的相关性系数分析具体见表6-4。

表6-4给出了主要变量之间的相关性系数分析结果。TFP、MERWD和MRWD的描述性统计结果已在第4章分析，不再赘述。首先，TFP与Soe的相关性系数为0.063，且在1%的水平上显著，初步表明产权性质能够抑制企业全要素生产率的提高；TFP与Power的相关性系数为0.034，且在1%的水平上显著，初步表明CEO权力能够抑制企业全要素生产率的提高，即上述结果能够初步验证本章相关的假设内容。

表6-4 **相关性系数分析**

变量	TFP	MERWD	MRWD	Soe	Topten	Power	Roa	Size	Lev	Mshare	Growth	Tangibility	Ito	Fat	Board	Rop
TFP	1															
MERWD	0.376***	1														
MRWD	0.397***	0.798***	1													
Soe	0.063***	-0.017**	0.032***	1												
Topten	0.122***	0.089***	0.135***	-0.070***	1											
Power	0.034***	0.034***	0.160***	-0.122***	0.041***	1										
Roa	0.100***	0.156***	0.201***	-0.121***	0.150***	0.079***	1									
Size	0.157***	0.059***	0.046***	0.108***	0.107***	0.035***	0.001	1								
Lev	0.116***	0.066***	-0.018***	0.241***	-0.159***	-0.085***	-0.088***	0.090***	1							
Mshare	-0.103***	-0.077***	0.003	-0.375***	0.138***	0.244***	0.159***	-0.224***	-0.088***	1						
Growth	0.076***	0.008	-0.007	-0.049***	0.095***	-0.013	0.127***	0.022***	0.045***	0.006	1					
Tangibility	-0.024***	0.013*	0.010	-0.072***	0.114***	0.025***	0.057***	0.024***	-0.013*	0.073***	0.151***	1				
Ito	-0.003	0.001	0.029***	0.051***	0.025***	0.012	0.039***	0.015**	-0.027***	-0.012*	0.021***	0.008	1			
Fat	0.176***	0.071***	0.077***	-0.030***	0.019***	0.017	0.032***	0.029***	0.119***	0.001	0.127***	-0.024***	0.052***	1		
Board	0.102***	0.136***	0.140***	0.276***	0.017***	0.111***	-0.007	0.108***	0.104***	-0.108***	-0.032***	-0.036***	0.016**	-0.055***	1	
Rop	0.135***	0.086***	0.085***	-0.060***	0.156***	0.025***	0.173***	0.112***	-0.100***	0.026***	0.102***	0.085***	0.030***	0.135***	-0.010	1

注：***、**、*分别表示在1%、5%和10%的水平上显著；括号内的数据为t值。

6.3.3 统计结果分析

表6-5报告了对假设5相关内容的检验结果。其中，被解释变量为TFP、解释变量为MERWD、调节变量为Soe。在表6-5中，第（1）列与第（2）列均是分组检验的回归结果，第（3）列是加入交乘项MERWD×Soe后的回归结果。

表6-5 模型（2）的分组回归结果（1）

变量	TFP		
	国有企业组	非国有企业组	交乘项
	（1）	（2）	（3）
MERWD	0.062*** （6.901）	0.078*** （8.952）	0.096*** （10.634）
Soe			-0.098 （-1.091）
MERWD×Soe			-0.002** （-2.481）
Topten	0.001** （2.381）	0.003*** （8.153）	0.002*** （6.827）
Roa	2.411*** （13.960）	2.534*** （17.952）	2.715*** （23.121）
Size	0.476*** （41.703）	0.533*** （41.919）	0.497*** （48.725）
Lev	0.473*** （10.088）	0.544*** （16.117）	0.526*** （20.407）
Mshare	-0.746** （-2.010）	0.040 （1.442）	-0.017 （-0.627）
Growth	0.059*** （5.101）	0.039*** （6.204）	0.047*** （8.202）

续表

变 量	TFP		
	国有企业组	非国有企业组	交乘项
	(1)	(2)	(3)
Tangibility	-0.039^{***} (−5.443)	-0.035^{***} (−9.627)	-0.035^{***} (−10.516)
Ito	-0.001^{**} (−2.491)	0.002^{**} (2.319)	−0.001 (−0.329)
Fat	0.008^{***} (18.907)	0.007^{***} (19.753)	0.007^{***} (26.610)
Board	−0.002 (−0.711)	0.001 (0.172)	−0.002 (−0.510)
Rop	-0.022^{***} (−5.108)	-0.012^{***} (−3.447)	-0.017^{***} (−6.199)
Con	3.932^{***} (28.767)	2.358^{***} (17.305)	3.240^{***} (34.227)
Ind/Year	Control	Control	Control
Adj.R^2	0.401	0.433	0.457
F值	107.237	157.391	199.357
N	5 981	8 268	14 249
第（1）列与第（2）列中MERWD系数的比较：chi^2（1）=5.71 Prob>chi^2=0.017			

注：***、**、*分别表示在1%、5%和10%的水平上显著；括号内的数据为t值。

在表6-5的第（1）列与第（2）列中，MERWD的系数分别为0.062和0.078，且均在1%的水平上显著；第（1）列中MERWD的系数显著小于第（2）列中MERWD的系数；第（3）列中MERWD×Soe的系数为−0.002，且在5%的水平上显著，从而支持了假设5的相关内容，即国有产权性质下高管与员工之间薪酬差距对企业全要素生产率的影响存在显著的负向调节效应。

具体而言，上述回归结果表明，相对于非国有企业，在国有企业中，拉大高管与员工之间薪酬差距以促进企业全要素生产率提高的作用会相对较弱。上述回归结果印证了本章理论分析的相关内容，即在一系列“限薪令”的背景下，国有企业高管与员工之间薪酬差距的拉大对企业全要素生产率的促进作用会比非国有企业的弱。

此外，在表6-5中，相关控制变量的回归结果与第4章的回归结果相似。因此，在本章的后续分析中，不再赘述。

表6-6报告了对假设6相关内容的检验结果。其中，被解释变量为TFP、解释变量为MRWD、调节变量为Soe。在表6-6中，第（1）列与第（2）列均是分组检验的回归结果，第（3）列是加入交乘项MRWD×Soe后的回归结果。

表6-6 **模型（2）的分组回归结果（2）**

变量	TFP		
	国有企业组	非国有企业组	交乘项
	(1)	(2)	(3)
MRWD	0.086*** (11.403)	0.165*** (16.191)	0.102*** (13.537)
Soe			−0.157 (−0.402)
MRWD×Soe			−0.034*** (−2.905)
Topten	0.001 (1.521)	0.003*** (7.532)	0.001*** (3.714)
Roa	2.265*** (13.039)	2.476*** (17.564)	2.716*** (21.185)
Size	0.460*** (40.981)	0.526*** (42.912)	0.479*** (49.884)
Lev	0.527*** (12.213)	0.555*** (16.221)	0.636*** (18.792)

续表

变量	TFP		
	国有企业组	非国有企业组	交乘项
	(1)	(2)	(3)
Mshare	-1.034*** (-2.687)	0.021 (0.855)	-0.041 (-1.132)
Growth	0.053*** (4.791)	0.042*** (6.522)	0.053*** (7.051)
Tangibility	-0.034*** (-4.870)	-0.035*** (-9.641)	-0.036*** (-9.043)
Ito	-0.001*** (-2.597)	0.002** (2.385)	-0.001 (-0.612)
Fat	0.008*** (19.021)	0.007*** (19.223)	0.008*** (21.104)
Board	-0.002 (-0.609)	0.001 (0.071)	-0.004* (-1.693)
Rop	-0.021*** (-4.861)	-0.009*** (-2.620)	-0.019*** (-6.103)
Con	2.360*** (16.174)	1.517*** (11.042)	2.384*** (19.162)
Ind/Year	Control	Control	Control
Adj.R^2	0.316	0.447	0.401
F值	97.249	147.364	207.157
N	5 981	8 268	14 249
第（1）列与第（2）列中MRWD系数的比较：chi^2（1）=26.19 Prob > chi^2 =0.000			

注：***、**、*分别表示在1%、5%和10%的水平上显著；括号内的数据为t值。

在表6-6的第（1）列与第（2）列中，MRWD的系数分别为0.086和0.165，且均在1%的水平上显著；第（1）列中MRWD的系数显著小于第（2）列中MRWD的系数；第（3）列中MRWD×Soe的系数为-0.034，且在1%的水平上显著，从而支持了假设6的相关内容，即国有产权性质下高管之间薪酬差距对企业全要素生产率的影响存在显著的负向调节效应。

具体而言，上述回归结果表明，相对于非国有企业，在国有企业中，拉大高管之间薪酬差距以促进企业全要素生产率提高的作用会相对较弱。上述回归结果印证了本章理论分析相关内容，即在一系列“限薪令”的背景下，国有企业高管之间薪酬差距的拉大对企业全要素生产率的促进作用会比非国有企业的弱。

表6-7报告了对假设7相关内容的检验结果。其中，被解释变量为TFP、解释变量为MERWD、调节变量为Power。在表6-7中，第（1）列与第（2）列均是分组检验的回归结果，第（3）列是加入交乘项MERWD×Power后的回归结果。

表6-7　　**模型（2）的分组回归结果（3）**

变量	TFP		
	权力较大组	权力较小组	交乘项
	（1）	（2）	（3）
MERWD	0.008*** （4.791）	0.020*** （3.376）	0.011*** （2.795）
Power			-0.028** （-2.476）
MERWD×Power			-0.075** （-2.351）
Topten	0.001** （2.511）	0.002*** （3.470）	0.001*** （4.197）
Roa	3.270*** （18.585）	2.927*** （14.742）	3.153*** （24.001）
Size	0.515*** （42.805）	0.508*** （56.751）	0.512*** （53.721）

续表

变量	TFP		
	权力较大组	权力较小组	交乘项
	（1）	（2）	（3）
Lev	0.695*** （14.035）	0.510*** （10.712）	0.625*** （18.179）
Mshare	−0.081** （−2.405）	0.091 （1.007）	−0.069** （−2.259）
Growth	0.056*** （5.291）	0.036*** （3.427）	0.047*** （6.291）
Tangibility	−0.040*** （−8.117）	−0.028*** （−4.107）	−0.036*** （−8.934）
Ito	−0.002 （−0.647）	−0.004*** （−3.616）	−0.004 （−1.234）
Fat	0.008*** （15.936）	0.009*** （13.947）	0.008*** （21.101）
Board	−0.009** （−2.515）	0.011* （1.804）	−0.001 （−1.019）
Rop	−0.024*** （−6.162）	−0.025*** （−4.613）	−0.025*** （−7.728）
Con	2.978*** （21.504）	2.836*** （15.654）	2.912*** （27.074）
Ind/Year	Control	Control	Control
Adj.R^2	0.312	0.417	0.459
F值	107.254	187.235	227.249
N	6 627	7 622	14 249
第（1）列与第（2）列中MERWD系数的比较：chi^2（1）=28.17 Prob > chi^2 =0.000			

注：***、**、*分别表示在1%、5%和10%的水平上显著；括号内的数据为t值。

在表6-7的第（1）列与第（2）列中，MERWD的系数分别为0.008和0.020，且均在1%的水平上显著；第（1）列中MERWD的系数显著小于第（2）列中MERWD的系数；第（3）列中MERWD×Power的系数为-0.075，且在5%的水平上显著，从而支持了假设7的相关内容，即CEO权力的增加在高管与员工之间薪酬差距对企业全要素生产率的影响中存在显著的负向调节效应。

具体而言，上述回归结果表明，相对于CEO权力较低的企业，在CEO权力较高的企业中，扩大高管与员工之间薪酬差距以促进企业全要素生产率提高的作用会相对较弱。上述回归结果印证了本章理论分析的相关内容。当CEO权力较大时，CEO会借助自身的权力与影响，为达到谋取私有收益的目标，而扩大高管与员工之间薪酬差距，从而弱化了内部薪酬差距对企业全要素生产率的影响。

表6-8报告了对假设8相关内容的检验结果。其中，被解释变量为TFP、解释变量为MRWD、调节变量为Power。在表6-8中，第（1）列与第（2）列均是分组检验的回归结果，第（3）列是加入交乘项MRWD×Power后的回归结果。

表6-8 **模型（2）的分组回归结果（4）**

变 量	TFP		
	权力较大组	权力较小组	交乘项
	（1）	（2）	（3）
MRWD	0.093*** （11.303）	0.151*** （12.821）	0.145*** （14.001）
Power			-0.603*** （-4.127）
MRWD×Power			-0.046*** （-3.955）
Topten	0.001*** （2.803）	0.001** （2.317）	0.001*** （3.645）
Roa	2.846*** （16.531）	2.490*** （12.825）	2.715*** （21.117）

续表

变 量	TFP		
	权力较大组	权力较小组	交乘项
	(1)	(2)	(3)
Size	0.485*** (40.091)	0.476*** (33.912)	0.482*** (49.497)
Lev	0.708*** (14.981)	0.515*** (10.909)	0.635*** (18.815)
Mshare	−0.063* (−1.917)	0.091 (1.005)	−0.052* (−1.703)
Growth	0.060*** (5.613)	0.042*** (4.003)	0.052*** (6.916)
Tangibility	−0.040*** (−8.304)	−0.029*** (−4.123)	−0.036*** (−9.014)
Ito	−0.001 (−0.652)	−0.002*** (−3.613)	−0.001 (−1.247)
Fat	0.008*** (15.791)	0.008*** (14.123)	0.008*** (21.065)
Board	−0.010*** (−3.117)	0.011 (1.068)	−0.006** (−2.143)
Rop	−0.019*** (−4.881)	−0.018*** (−3.425)	−0.019*** (−6.047)
Con	2.464*** (17.824)	1.810*** (9.605)	1.852*** (12.671)
Ind/Year	Control	Control	Control
Adj.R^2	0.372	0.405	0.467
F 值	101.249	145.723	219.317
N	6 627	7 622	14 249
第（1）列与第（2）列中MRWD系数的比较：chi^2（1）=17.02 Prob > chi^2 =0.000			

注：***、**、*分别表示在1%、5%和10%的水平上显著；括号内的数据为t值。

在表6-8的第（1）列与第（2）列中，MRWD的系数分别为0.093和0.151，且均在1%的水平上显著；第（1）列中MRWD的系数显著小于第（2）列中MRWD的系数；第（3）列中变量MRWD×Power的系数为-0.046，且在1%的水平上显著，从而支持了假设8的相关内容。在CEO权力较大的情况下，高管之间薪酬差距对企业全要素生产率的影响存在显著的负向调节效应。

具体而言，上述回归结果表明，相对于CEO权力较低的企业，在CEO权力较高的企业中，拉大高管之间薪酬差距以促进企业全要素生产率提高的作用会相对较弱。上述回归结果印证了本章理论分析的相关内容。当CEO权力较大时，CEO会借助自身的权力与影响，为达到谋取私有收益的目标，而拉大高管之间薪酬差距，从而弱化了内部薪酬差距对企业全要素生产率的影响。

6.4 稳健性检验

为增强本书研究的稳健性，本节通过变更相关度量指标的方式和探讨内生性问题，对本章相关假设进行稳健性检验。

（1）变更相关度量指标

①变换内部薪酬差距的度量方式。公司的内部薪酬差距包括高管之间薪酬差距和高管与员工之间薪酬差距两方面。本章进一步参考刘春和孙亮（2010）以及杨志强和王华（2014）的研究进行稳健性检验。高管与员工之间薪酬差距的度量（记作MERWD1）具体为高管平均薪酬与员工平均薪酬的比值，其中，以“支付给职工以及为职工支付的现金”加上“年末应付工资总额”减去“年初应付工资总额”作为员工薪酬的总和（张正堂，2007）。本书在稳健性检验中采用如下公式计算高管之间的薪酬差距（记作MRWD1）：高管之间薪酬差距=董事、监事及高管前三名薪酬总额÷3÷（董事、监事及高管年薪总额-董事、监事及高管前三名薪酬总额）÷（高管人数-3）。在此基础上，借助模型（2），重新检验本章的相关假设内容。检验结果与本章回归结果相符，从而加强了本章研究结论的稳健性。具体结果见表6-9至表6-12。

表6-9 变换内部薪酬差距的度量后模型（2）的分组回归结果表（1）

变量	TFP		
	（国有企业组）	（非国有企业组）	（交乘项）
	（1）	（2）	（3）
MERWD1	0.016** (2.031)	0.029*** (3.742)	0.018*** (3.104)
Soe			−0.091 (−0.819)
MERWD1×Soe			−0.008* (−1.815)
Topten	0.001** (2.047)	0.003*** (8.415)	0.001*** (4.287)
Roa	2.745*** (15.305)	2.791*** (19.154)	3.140*** (23.744)
Size	0.499*** (45.141)	0.557*** (32.514)	0.510*** (43.308)
Lev	0.477*** (10.591)	0.552*** (16.072)	0.625*** (18.165)
Mshare	−0.392 (−1.058)	0.030 (0.947)	−0.060** (−1.999)
Growth	0.048*** (4.313)	0.040*** (6.311)	0.047*** (6.301)
Tangibility	−0.036*** (−5.062)	−0.035*** (−9.674)	−0.036*** (−8.937)
Ito	−0.017*** (−2.601)	0.013** (2.407)	−0.012 (−0.231)

续表

变量	TFP		
	（国有企业组）	（非国有企业组）	（交乘项）
	（1）	（2）	（3）
Fat	0.008*** （19.013）	0.007*** （19.002）	0.008*** （21.027）
Board	−0.009*** （−3.344）	0.014 （1.502）	−0.001 （−0.334）
Rop	−0.026*** （−6.011）	−0.015*** （−4.271）	−0.025*** （−7.642）
Con	3.548*** （27.004）	1.856*** （13.612）	2.948*** （27.606）
Ind/Year	Control	Control	Control
Adj.R^2	0.401	0.436	0.469
F 值	101.279	144.579	203.501
N	5 981	8 268	14 249
第（1）列与第（2）列中变量 MERWD1 系数的比较：chi^2（1）=23.25 Prob > chi^2 =0.000			

注：***、**、*分别表示在1%、5%和10%的水平上显著；括号内的数据为t值。

如表6-9所示，在第（1）列与第（2）列中，变量MERWD1的系数分别为0.016与0.029，且分别在5%与1%的水平上显著，并存在显著性差异；同时，在第（3）列中，变量MERWD1×Soe的系数为−0.008，且在10%的水平上显著。上述回归结果表明，相对于国有企业而言，在非国有企业中，高管与员工之间薪酬差距对企业全要素生产率的影响更加显著，即国有产权性质在高管与员工之间薪酬差距对企业全要素生产率的影响中存在显著的负向调节效应，从而增强了假设5的稳健性。

表6-10 变换内部薪酬差距的度量后模型（2）的分组回归结果表（2）

变量	TFP		
	（国有企业组）	（非国有企业组）	（交乘项）
	(1)	(2)	(3)
MRWD1	0.015*** (5.615)	0.031*** (7.721)	0.033*** (11.607)
Soe			-0.089 (-0.807)
MRWD1×Soe			-0.019*** (-4.311)
Topten	0.001** (2.067)	0.002*** (6.871)	0.001*** (3.182)
Roa	2.784*** (15.326)	2.846*** (18.437)	3.212*** (23.066)
Size	0.494*** (46.001)	0.551*** (41.016)	0.506*** (51.506)
Lev	0.505*** (11.021)	0.580*** (14.609)	0.645*** (17.164)
Mshare	-0.511 (-1.341)	0.054* (1.832)	-0.047 (-1.312)
Growth	0.048*** (4.267)	0.041*** (5.645)	0.051*** (5.981)
Tangibility	-0.037*** (-5.014)	-0.035*** (-9.136)	-0.036*** (-8.316)
Ito	-0.001** (-2.306)	0.001** (2.501)	-0.001 (-0.903)

续表

变 量	TFP		
	（国有企业组）	（非国有企业组）	（交乘项）
	（1）	（2）	（3）
Fat	0.008*** （17.471）	0.007*** （17.011）	0.008*** （19.890）
Board	−0.001 （−0.812）	0.002 （0.632）	−0.003 （−1.327）
Rop	−0.025*** （−5.605）	−0.015*** （−3.832）	−0.026*** （−7.391）
Con	3.608*** （27.472）	1.992*** （14.306）	3.029*** （27.820）
Ind/Year	Control	Control	Control
Adj.R^2	0.371	0.413	0.467
F 值	92.421	121.045	211.792
N	5 981	8 268	14 249
第（1）列与第（2）列中变量MRWD1系数的比较：chi^2（1）=20.23　Prob > chi^2 =0.000			

注：***、**、*分别表示在1%、5%和10%的水平上显著；括号内的数据为t值。

如表6-10所示，在第（1）列与第（2）列中，变量MRWD1的系数分别为0.015与0.031，且在1%的水平上显著；同时，在第（3）列中，变量MRWD1×Soe的系数为-0.019，且在1%的水平上显著。上述回归结果表明，相对于国有企业而言，在非国有企业中，高管之间薪酬差距的加大对企业全要素生产率促进作用的影响更加显著，即国有产权性质在高管之间薪酬差距对企业全要素生产率的影响中存在显著的负向调节效应，从而增强了假设6的稳健性。

表6-11 变换内部薪酬差距的度量后模型（2）的分组回归结果表（3）

变量	TFP		
	（权力较大组）	（权力较小组）	（交乘项）
	（1）	（2）	（3）
MERWD1	0.019* （1.755）	0.037** （2.039）	0.027*** （2.701）
Power			−0.039*** （−4.617）
MERWD1×Power			−0.010*** （−2.647）
Topten	0.001*** （2.759）	0.002*** （3.471）	0.001*** （4.257）
Roa	3.272*** （18.517）	2.913*** （14.677）	3.149*** （23.809）
Size	0.513*** （43.117）	0.507*** （56.501）	0.510*** （53.746）
Lev	0.696*** （14.307）	0.509*** （10.712）	0.626*** （18.207）
Mshare	−0.083** （−2.508）	0.009 （1.021）	−0.070** （−2.013）
Growth	0.056*** （5.219）	0.036*** （3.487）	0.047*** （6.301）
Tangibility	−0.043*** （−8.177）	−0.028*** （−4.099）	−0.036*** （−8.936）
Ito	−0.001 （−0.625）	−0.001*** （−3.653）	−0.001** （−2.227）

续表

变量	TFP		
	（权力较大组）	（权力较小组）	（交乘项）
	（1）	（2）	（3）
Fat	0.007*** （15.092）	0.009*** （13.907）	0.008*** （21.091）
Board	-0.009** （-2.509）	0.011* （1.815）	-0.001 （-1.159）
Rop	-0.024*** （-6.148）	-0.025*** （-4.584）	-0.025*** （-7.740）
Con	3.010*** （21.951）	2.855*** （15.708）	2.933*** （27.305）
Ind/Year	Control	Control	Control
Adj. R^2	0.381	0.421	0.471
F 值	97.117	117.127	227.275
N	6 627	7 622	14 249
第（1）列与第（2）列中变量MERWD1系数的比较：chi^2（1）=19.35 Prob > chi^2 =0.000			

注：***、**、*分别表示在1%、5%和10%的水平上显著；括号内的数据为t值。

如表6-11所示，在第（1）列与第（2）列中，变量MERWD1的系数分别为0.019与0.037，且分别在10%与5%的水平上显著，并且两列中变量MERWD1的系数存在显著性差异；同时，在第（3）列中，变量MERWD1×Power的系数为-0.010，且在1%的水平上显著。上述回归结果表明，相对于CEO权力较大的企业而言，在CEO权力较小的企业中，高管之间薪酬差距对企业全要素生产率的影响更加显著，即CEO的权力在高管之间薪酬差距对企业全要素生产率的影响中存在显著的负向调节效应，从而增强了假设7的稳健性。

表6-12　变换内部薪酬差距的度量后模型（2）的分组回归结果表（4）

变量	TFP		
	（权力较大组）	（权力较小组）	（交乘项）
	（1）	（2）	（3）
MRWD1	0.031*** （2.707）	0.041*** （3.419）	0.038*** （3.308）
Power			−0.026*** （−2.619）
MRWD1×Power			−0.010*** （−3.126）
Topten	0.001** （2.017）	0.001** （2.407）	0.001*** （3.065）
Roa	3.299*** （17.871）	3.077*** （14.270）	3.217*** （23.101）
Size	0.506*** （30.847）	0.507*** （45.011）	0.506*** （51.467）
Lev	0.722*** （13.591）	0.521*** （10.022）	0.645*** （17.105）
Mshare	−0.052 （−1.303）	0.101 （1.024）	−0.045 （−1.326）
Growth	0.061*** （5.271）	0.036*** （2.873）	0.051*** （6.051）
Tangibility	−0.040*** （−7.892）	−0.025*** （−3.391）	−0.035*** （−8.385）
Ito	−0.004*** （−4.607）	−0.002*** （−3.104）	−0.001** （−1.997）

续表

变量	TFP		
	（权力较大组）	（权力较小组）	（交乘项）
	（1）	（2）	（3）
Fat	0.008*** （14.708）	0.009*** （13.661）	0.008*** （19.912）
Board	−0.009** （−2.208）	0.011 （1.310）	−0.013 （−1.411）
Rop	−0.023*** （−5.562）	−0.031*** （−4.892）	−0.026*** （−7.471）
Con	3.109*** （22.251）	2.914*** （15.700）	3.046*** （27.954）
Ind/Year	Control	Control	Control
Adj.R^2	0.377	0.415	0.462
F 值	99.301	131.472	213.647
N	6 627	7 622	14 249
第（1）列与第（2）列中变量MRWD1系数的比较：chi^2（1）=7.35 Prob > chi^2 =0.007			

注：***、**、*分别表示在1%、5%和10%的水平上显著；括号内的数据为t值。

如表6-12所示，在第（1）列与第（2）列中，变量MRWD1的系数分别为0.031与0.041，且均在1%的水平上显著，并存在显著性差异；同时，在第（3）列中，变量MRWD1×Power的系数为−0.010，且在1%的水平上显著。上述回归结果表明，相对于CEO权力较大的企业而言，在CEO权力较小的企业中，高管之间薪酬差距对企业全要素生产率的影响更加显著，即CEO的权力在高管之间薪酬差距对企业全要素生产率的影响中存在显著的负向调节效应，从而增强了假设8的稳健性。

②变换企业全要素生产率的度量方式。本书根据Olley和Pakes（1996）的基本思路，借鉴鲁晓东和连玉君（2012）的研究设计估算TFP，采用OP法测算TFP做稳健性检验，记为TFP_OP。在此基础上，

借助模型（2），重新检验本章的相关假设内容。检验结果与本章回归结果相符，从而加强了本章研究结论的稳健性。具体结果见表6-13至表6-16。

表6-13　　变更企业全要素生产率的度量后模型（2）的分组回归结果表（1）

变 量	TFP_OP		
	（国有企业组）	（非国有企业组）	（交乘项）
	（1）	（2）	（3）
MERWD	0.114*** （6.061）	0.231*** （13.102）	0.232*** （19.907）
Soe			−0.019 （−1.519）
MERWD×Soe			−0.003*** （−5.012）
Topten	0.001*** （4.481）	−0.001*** （−3.507）	0.001 （0.345）
Roa	0.152*** （9.581）	0.221*** （16.432）	0.204*** （17.017）
Size	0.018*** （34.451）	0.015*** （21.762）	0.017*** （37.451）
Lev	0.010 （1.432）	0.001 （0.433）	0.005** （2.099）
Mshare	−0.074** （−2.011）	−0.012*** （−4.134）	−0.012*** （−3.708）
Growth	0.004*** （3.152）	0.003*** （4.311）	0.004*** （5.108）

续表

变 量	TFP_OP		
	（国有企业组）	（非国有企业组）	（交乘项）
	（1）	（2）	（3）
Tangibility	-0.001** （-2.118）	-0.001*** （-2.621）	-0.001*** （-3.662）
Ito	0.017*** （7.901）	0.021*** （10.442）	0.024*** （16.081）
Fat	0.013*** （8.072）	0.015*** （12.187）	0.014*** （11.755）
Board	0.002*** （2.742）	0.004*** （3.525）	0.001* （1.818）
Rop	0.010*** （5.502）	0.006** （2.041）	0.008*** （4.165）
Con	1.276*** （28.014）	1.347*** （20.025）	1.292*** （40.873）
Ind/Year	Control	Control	Control
Adj.R^2	0.391	0.407	0.451
F 值	89.012	157.216	231.078
N	5 981	8 268	14 249
第（1）列与第（2）列中变量MERWD系数的比较：chi^2（1）=19.22 Prob > chi^2 =0.000			

注：***、**、*分别表示在1%、5%和10%的水平上显著；括号内的数据为t值。

如表6-13所示，在第（1）列与第（2）列中，变量MERWD的系数分别为0.114与0.231，且在1%的水平上显著，并存在显著性差异；同时，在第（3）列中，变量MERWD×Soe的系数为-0.003，且在1%的水平上显著。上述回归结果表明，相对于国有企业而言，在非国有企业中，高管与员工之间薪酬差距对企业全要素生产率的影响更加显著，即国有产权性质在高管与员工之间薪酬差距对企业全要素生产率的影响中存在显著的负向调节效应，从而增强了假设5的稳健性。

表6-14 变更企业全要素生产率的度量后模型（2）的分组回归结果表（2）

变量	TFP_OP		
	（国有企业组）	（非国有企业组）	（交乘项）
	（1）	（2）	（3）
MRWD	0.005*** （5.401）	0.014*** （10.031）	0.008*** （10.227）
Soe			−0.047** （−2.102）
MRWD×Soe			−0.003*** （−3.217）
Topten	0.001*** （4.287）	−0.001*** （−4.031）	0.002 （0.190）
Roa	0.143*** （9.041）	0.216*** （16.432）	0.194*** （16.407）
Size	0.017*** （33.307）	0.015*** （22.825）	0.017*** （47.801）
Lev	0.006* （1.779）	0.001 （0.217）	0.005** （2.061）
Mshare	−0.085** （−2.270）	−0.014*** （−4.891）	−0.013*** （−4.140）
Growth	0.003** （2.147）	0.003*** （4.491）	0.003*** （4.344）
Tangibility	−0.001* （−1.856）	−0.001** （−2.481）	−0.001*** （−3.430）

续表

变量	TFP_OP		
	（国有企业组）	（非国有企业组）	（交乘项）
	（1）	（2）	（3）
Ito	0.001*** （7.401）	0.001*** （10.615）	0.001*** （15.001）
Fat	0.001*** （7.871）	0.001*** （11.762）	0.001*** （11.404）
Board	0.002 （0.181）	0.001*** （3.252）	0.001 （1.433）
Rop	0.002*** （5.481）	0.001** （2.433）	0.002*** （5.244）
Con	1.242*** （34.521）	1.267*** （49.309）	1.214*** （50.784）
Ind/Year	Control	Control	Control
Adj.R^2	0.390	0.407	0.457
F 值	101.247	135.781	214.560
N	5 981	8 268	14 249
第（1）列与第（2）列中变量MRWD系数的比较：chi^2（1）=25.48 Prob > chi^2 =0.000			

注：***、**、*分别表示在1%、5%和10%的水平上显著；括号内的数据为t值。

如表6-14所示，在第（1）列与第（2）列中，变量MRWD的系数分别为0.005与0.014，且在1%的水平上显著，并存在显著性差异；同时，在第（3）列中，变量MRWD×Soe的系数为-0.003，且在1%的水平上显著。上述回归结果表明，相对于国有企业而言，在非国有企业中，高管之间薪酬差距对企业全要素生产率的影响更加显著，即国有产权性质在高管之间薪酬差距对企业全要素生产率的影响中存在显著的负向调节效应，从而增强了假设6的稳健性。

表6-15　变更企业全要素生产率的度量后模型（2）的分组回归结果表（3）

变量	TFP_OP		
	（权力较大组）	（权力较小组）	（交乘项）
	（1）	（2）	（3）
MERWD	0.001 （0.972）	0.014** （2.117）	0.001* （1.703）
Power			-0.002* （-1.699）
MERWD×Power			-0.009** （-2.506）
Topten	0.001 （0.578）	0.001 （1.102）	0.001 （0.781）
Roa	0.240*** （15.910）	0.197*** （9.874）	0.225*** （18.667）
Size	0.019*** （34.106）	0.019*** （26.177）	0.019*** （43.805）
Lev	0.006* （1.696）	0.001 （1.001）	0.005* （1.902）
Mshare	-0.016*** （-4.677）	-0.020 （-1.604）	-0.014*** （-4.543）
Growth	0.004*** （4.414）	0.001 （1.053）	0.003*** （4.020）
Tangibility	-0.001*** （-3.113）	-0.001 （-1.274）	-0.001*** （-3.128）

续表

变量	TFP_OP		
	（权力较大组）	（权力较小组）	（交乘项）
	（1）	（2）	（3）
Ito	0.001* （1.698）	0.001 （0.942）	0.001* （1.878）
Fat	0.001*** （12.535）	0.001*** （7.591）	0.001*** （14.502）
Board	0.001*** （9.731）	0.001*** （7.462）	0.001*** （12.024）
Rop	0.001*** （2.981）	0.001** （2.471）	0.001*** （3.708）
Con	1.256*** （8.551）	1.259*** （6.402）	1.260*** （14.271）
Ind/Year	Control	Control	Control
Adj.R^2	0.401	0.475	0.495
F 值	127.253	145.061	223.418
N	6 627	7 622	14 249

注：***、**、*分别表示在1%、5%和10%的水平上显著；括号内的数据为t值。

如表6-15所示，在第（1）列与第（2）列中，变量MERWD的系数分别为0.001与0.014，但第（1）列中的系数并不显著，而第（2）列的系数在5%的水平上显著；同时，在第（3）列中，变量MERWD×Power的系数为-0.009，且在5%的水平上显著。上述回归结果表明，相对于CEO权力较大的企业而言，在CEO权力较小的企业中，高管与员工之间薪酬差距对企业全要素生产率的影响更加显著，从而增强了假设7的稳健性。

表6-16　　变更企业全要素生产率的度量后模型（2）的分组回归结果表（4）

变 量	TFP_OP		
	（权力较大组）	（权力较小组）	（交乘项）
	（1）	（2）	（3）
MRWD	0.007*** （8.412）	0.016*** （5.437）	0.006*** （6.381）
Power			−0.010 （−0.750）
MRWD×Power			−0.006*** （−6.691）
Topten	−0.001 （−1.115）	0.002 （0.521）	−0.001 （−0.172）
Roa	0.206*** （13.821）	0.173*** （8.827）	0.194*** （16.435）
Size	0.016*** （29.334）	0.017*** （22.891）	0.017*** （37.523）
Lev	0.007* （1.902）	0.001 （1.102）	0.006** （2.017）
Mshare	−0.015*** （−4.330）	−0.011 （−1.417）	−0.013*** （−4.081）
Growth	0.004*** （4.745）	0.002* （1.732）	0.003*** （4.315）
Tangibility	−0.002*** （−3.190）	−0.001 （−1.311）	−0.001*** （−3.329）

续表

变 量	TFP_OP		
	（权力较大组）	（权力较小组）	（交乘项）
	（1）	（2）	（3）
Ito	0.004*** （13.061）	0.008*** （7.782）	0.005*** （14.965）
Fat	0.011*** （9.457）	0.007*** （6.871）	0.012*** （11.401）
Board	0.001*** （12.209）	0.003*** （7.712）	0.002*** （5.328）
Rop	0.002*** （4.019）	0.002*** （3.203）	0.002*** （5.016）
Con	1.226*** （27.910）	1.237*** （24.581）	1.237*** （16.427）
Ind/Year	Control	Control	Control
Adj.R^2	0.401	0.475	0.495
F 值	90.157	156.019	227.142
N	6 627	7 622	14 249
第（1）列与第（2）列中变量MRWD系数的比较：chi^2（1）=23.18 Prob>chi^2=0.000			

注：***、**、*分别表示在1%、5%和10%的水平上显著；括号内的数据为t值。

如表6-16所示，在第（1）列与第（2）列中，变量MRWD的系数分别为0.007与0.016，且存在显著性差异；同时，在第（3）列中，变量MRWD×Power的系数为-0.006，且在1%的水平上显著。上述回归结果表明，相对于CEO权力较大的企业而言，在CEO权力较小的企业中，高管之间薪酬差距对企业全要素生产率的影响更加显著，即CEO权力在高管之间薪酬差距对企业全要素生产率的影响中存在显著的负向调节效应，从而增强了假设8的稳健性。

(2) 内生性问题

①工具变量法。内部薪酬差距与企业全要素生产率的正相关关系虽已在前文得到验证，但其因果效应仍然需要进一步识别。一方面，管理层与员工在内部薪酬差距的竞争机制中，激励效果能够更好地提升企业全要素生产率，但企业全要素生产率的变动也可能会扩大内部薪酬差距，导致反向因果。另一方面，某些激励效果同时影响内部薪酬差距和企业全要素生产率的遗漏变量。因此，本书运用工具变量法对内生性问题进行处理。

有鉴于此，本书参考孔东民等（2017）等相关研究，借助中国个人所得税税率调整构造工具变量对基准回归结果的稳健性进行检验。根据管理层及普通员工的平均年收入，本章利用当年的个人所得税税率估计其税后平均年收入，进而分别得到高管与员工之间薪酬差距（记为MERWDIV），以及高管之间薪酬差距（记为MRWDIV）作为工具变量，并借助模型（2）重新检验本章的相关研究假设内容。其中，第一阶段回归中，工具变量的系数分别显著大于零，且其 Adj.R^2 也较大，但为了避免稳健性检验的表格过于繁杂，第一阶段的回归结果不再列示，具体见表6-17至表6-20。

表6-17 **模型（2）工具变量的回归结果表（1）**

变量	TFP		
	（国有企业组）	（非国有企业组）	（交乘项）
	（1）	（2）	（3）
MERWDIV	0.032*** （8.539）	0.049*** （6.212）	0.032*** （7.374）
Soe			−0.002** （−2.360）
MERWDIV×Soe			−0.084* （−1.814）
Topten	0.001*** （3.339）	0.003*** （8.034）	0.084*** （3.814）
Roa	2.638*** （13.773）	2.711*** （18.748）	2.813*** （23.824）

续表

变量	TFP		
	（国有企业组）	（非国有企业组）	（交乘项）
	（1）	（2）	（3）
Size	0.473***	0.525***	0.518***
	（38.098）	（33.647）	（46.763）
Lev	0.474***	0.589***	0.517***
	（10.139）	（15.974）	（24.107）
Mshare	−1.036***	0.041	−0.002
	（−2.658）	（1.413）	（−0.720）
Growth	0.052***	0.037***	0.047***
	（4.219）	（5.449）	（7.976）
Tangibility	−0.033***	−0.034***	−0.031***
	（−4.253）	（−9.211）	（−9.551）
Ito	−0.003***	0.003**	−0.002
	（−2.716）	（2.227）	（−1.089）
Fat	0.009***	0.007***	0.008***
	（16.747）	（16.960）	（27.079）
Board	−0.006	0.074**	0.007
	（−1.328）	（2.290）	（0.270）
Rop	−0.023***	−0.015***	−0.021***
	（−4.836）	（−2.845）	（−6.009）
Con	3.889***	2.369***	2.682***
	（28.305）	（16.689）	（26.487）
Ind/Year	Control	Control	Control
$Adj.R^2$	0.337	0.428	0.447
F值	134.545	216.701	220.627
N	5 981	8 268	14 249
第（1）列与第（2）列中变量MERWDIV系数的比较：chi^2（1）=19.72　Prob > chi^2 =0.000			

注：***、**、*分别表示在1%、5%和10%的水平上显著；括号内的数据为t值。

如表6-17所示，在第（1）列与第（2）列中，变量MERWDIV的系数分别为0.032与0.049，且在1%的水平上显著，并存在显著性差异；同时，在第（3）列中，变量MERWDIV×Soe的系数为-0.084，且在10%的水平上显著。上述回归结果表明，相对于国有企业而言，在非国有企业中，高管与员工之间薪酬差距对企业全要素生产率的影响更加显著，从而增强了假设5的稳健性。

表6-18　　　　　**模型（2）工具变量的回归结果表（2）**

变量	TFP		
	（国有企业组）	（非国有企业组）	（交乘项）
	（1）	（2）	（3）
MRWDIV	0.053*** （12.634）	0.097*** （9.619）	0.109*** （13.081）
Soe			-0.046 （-1.273）
MRWDIV×Soe			-0.497* （-1.745）
Topten	0.001 （0.703）	0.002*** （6.957）	0.001*** （4.786）
Roa	2.348*** （12.503）	2.491*** （16.647）	2.485*** （21.175）
Size	0.458*** （33.573）	0.523*** （35.640）	0.487*** （49.944）
Lev	0.576*** （12.711）	0.571*** （15.745）	0.580*** （20.470）
Mshare	-0.952** （-2.423）	0.008 （0.278）	-0.030 （-1.049）
Growth	0.053*** （4.229）	0.040*** （5.021）	0.045*** （6.705）

续表

变量	TFP		
	（国有企业组）	（非国有企业组）	（交乘项）
	（1）	（2）	（3）
Tangibility	−0.036*** （−4.584）	−0.032*** （−7.994）	−0.032*** （−8.804）
Ito	−0.001** （−2.277）	0.002** （2.307）	−0.001 （−0.365）
Fat	0.008*** （18.762）	0.006*** （18.085）	0.007*** （24.908）
Board	−0.010** （−2.396）	0.001 （0.073）	−0.006** （−2.220）
Rop	−0.018*** （−4.238）	−0.007** （−1.997）	−0.012*** （−4.527）
Con	2.391*** （15.133）	1.446*** （9.991）	2.278*** （18.009）
Ind/Year	Control	Control	Control
Adj.R^2	0.348	0.434	0.449
F 值	140.717	216.386	217.491
N	5 981	8 268	14 249
第（1）列与第（2）列中变量MRWDIV系数的比较：chi^2（1）=22.17　Prob>chi^2=0.000			

注：***、**、*分别表示在1%、5%和10%的水平上显著；括号内的数据为t值。

如表6-18所示，在第（1）列与第（2）列中，变量MRWDIV的系数分别为0.053与0.097，且在1%的水平上显著，并存在显著性差异；同时，在第（3）列中，变量MRWDIV×Soe的系数为−0.497，且在10%的水平上显著。上述回归结果表明，相对于国有企业而言，在非国有企业中，高管之间薪酬差距对企业全要素生产率的影响更加显著，从而增强了假设6的稳健性。

表6-19　　模型（2）工具变量的回归结果表（3）

变量	TFP		
	（权力较大组）	（权力较小组）	（交乘项）
	(1)	(2)	(3)
MERWDIV	0.017*** (5.370)	0.031*** (6.842)	0.050*** (4.905)
Power			−0.004* (−1.762)
MERWDIV×Power			−0.528** (−2.109)
Topten	0.001*** (3.267)	0.001*** (2.772)	0.001** (2.338)
Roa	3.120*** (17.271)	2.754*** (13.380)	2.893*** (8.236)
Size	0.498*** (68.731)	0.492*** (54.839)	0.443*** (60.319)
Lev	0.706*** (14.059)	0.521*** (10.265)	0.531*** (2.842)
Mshare	−0.101*** (−3.138)	0.004 (0.047)	−0.004 (−0.478)
Growth	0.053*** (4.979)	0.042*** (4.142)	0.043*** (6.406)
Tangibility	−0.040*** (−7.877)	−0.029*** (−3.699)	−0.046*** (−2.745)
Ito	−0.001 (−0.932)	−0.001*** (−3.858)	−0.001 (−0.482)

续表

变量	TFP		
	（权力较大组）	（权力较小组）	（交乘项）
	（1）	（2）	（3）
Fat	0.008*** （15.213）	0.009*** （13.445）	0.009*** （12.531）
Board	−0.004 （−1.393）	0.019*** （3.133）	0.017 （0.723）
Rop	−0.021*** （−5.363）	−0.024*** （−3.977）	−0.027*** （−4.435）
Con	3.172*** （22.489）	3.037*** （16.870）	3.317*** （3.950）
Ind/Year	Control	Control	Control
Adj.R^2	0.364	0.437	−0.487
F 值	123.001	194.812	223.047
N	5 981	8 268	14 249
第（1）列与第（2）列中变量MERWDIV系数的比较：chi^2（1）=21.09 Prob>chi^2=0.000			

注：***、**、*分别表示在1%、5%和10%的水平上显著；括号内的数据为t值。

如表6-19所示，在第（1）列与第（2）列中，变量MERWDIV的系数分别为0.017与0.031，且在1%的水平上显著，并存在显著性差异；同时，在第（3）列中，变量MERWDIV×Power的系数为−0.528，且在5%的水平上显著。上述回归结果表明，相对于CEO权力较低的企业而言，在CEO权力较高的企业中，高管与员工之间薪酬差距对企业全要素生产率的影响更加显著，即CEO权力的增强在高管与员工之间薪酬差距对企业全要素生产率的影响中存在显著的负向调节效应，增强了假设7的稳健性。

表6-20　　模型（2）工具变量的回归结果表（4）

变量	TFP		
	（权力较大组）	（权力较小组）	（交乘项）
	（1）	（2）	（3）
MRWDIV	0.091*** （8.149）	0.164*** （10.684）	0.143*** （10.208）
Power			-0.045 （-1.413）
MRWDIV×Power			-0.073* （-1.908）
Topten	0.001*** （2.670）	0.001 （1.302）	0.001*** （3.277）
Roa	2.837*** （15.343）	2.552*** （12.261）	2.949*** （16.743）
Size	0.491*** （37.009）	0.481*** （41.097）	0.458*** （50.039）
Lev	0.715*** （14.524）	0.558*** （11.239）	0.481*** （25.289）
Mshare	-0.118*** （-3.590）	-0.011 （-0.118）	-0.025 （-1.081）
Growth	0.066*** （4.970）	0.037*** （3.465）	0.063*** （4.017）
Tangibility	-0.039*** （-7.429）	-0.029*** （-4.001）	-0.041*** （-6.154）
Ito	-0.005 （-0.349）	-0.004*** （-3.282）	-0.004* （-1.793）

续表

变 量	TFP		
	（权力较大组）	（权力较小组）	（交乘项）
	（1）	（2）	（3）
Fat	0.007*** （14.869）	0.008*** （13.341）	0.007*** （15.862）
Board	−0.009*** （−2.610）	0.013** （2.071）	−0.003 （−1.170）
Rop	−0.018*** （−4.546）	−0.020*** （−3.734）	−0.022*** （−5.968）
Con	2.390*** （15.328）	1.585*** （7.788）	1.893*** （10.178）
Ind/Year	Control	Control	Control
Adj.R^2	0.367	0.349	0.410
F 值	217.514	174.943	210.198
N	5 981	8 268	14 249
第（1）列与第（2）列中变量MRWDIV系数的比较：chi^2（1）=20.77 Prob>chi^2=0.000			

注：***、**、*分别表示在1%、5%和10%的水平上显著；括号内的数据为t值。

如表6-20所示，在第（1）列与第（2）列中，变量MRWDIV的系数分别为0.091与0.164，且在1%的水平上显著，并存在显著性差异；同时，在第（3）列中，变量MRWDIV×Power的系数为−0.073，且在10%的水平上显著。上述回归结果表明，相对于CEO权力较大的企业而言，在CEO权力较小的企业中，高管之间薪酬差距对企业全要素生产率的影响更加显著，即CEO权力的增强在高管之间薪酬差距对企业全要素生产率的影响中存在显著的负向调节效应，增强了假设8的稳健性。

②滞后一期。参考孔东民等（2017）等的相关研究，本书将内部薪酬差距滞后一期，并借助模型（2）重新检验本章的相关研究假设内容。

相关结果与本章回归结果相符，具体见表6-21至表6-24。

表6-21 模型（2）滞后一期的回归结果表（1）

变量	TFP		
	（国有企业组）	（非国有企业组）	（交乘项）
	（1）	（2）	（3）
MERWDL	0.002 （0.815）	0.005* （1.920）	0.001 （0.794）
Soe			-0.004 （-0.884）
MERWDL×Soe			-0.017* （-1.901）
Topten	0.001* （1.836）	0.003*** （7.864）	0.002*** （6.153）
Roa	2.802*** （18.535）	2.866*** （25.381）	2.932*** （31.799）
Size	0.492*** （33.272）	0.546*** （40.996）	0.513*** （44.114）
Lev	0.480*** （12.985）	0.594*** （21.933）	0.561*** （25.404）
Mshare	-0.911* （-1.764）	0.030 （0.811）	-0.023 （-0.608）
Growth	0.047*** （5.618）	0.038*** （7.486）	0.042*** （9.349）
Tangibility	-0.036*** （-6.298）	-0.039*** （-11.383）	-0.036*** （-11.884）
Ito	-0.001*** （-3.639）	0.003*** （3.369）	-0.001 （-0.787）
Fat	0.008*** （11.625）	0.006*** （13.834）	0.007*** （15.910）

续表

变量	TFP		
	（国有企业组）	（非国有企业组）	（交乘项）
	（1）	（2）	（3）
Board	-0.005 （-1.118）	0.003 （0.885）	-0.002 （-0.794）
Rop	-0.025*** （-7.018）	-0.014*** （-5.234）	-0.019*** （-8.828）
Con	3.724*** （30.459）	2.156*** （17.283）	3.010*** （35.472）
Ind/Year	Control	Control	Control
Adj.R^2	0.339	0.372	0.402
F值	138.701	188.833	204.017
N	4 716	7 069	11 785

注：***、**、*分别表示在1%、5%和10%的水平上显著；括号内的数据为t值。

如表6-21所示，在第（1）列与第（2）列中，变量MERWDL的系数分别为0.002与0.005，但第（1）列中的系数并不显著；同时，在第（3）列中，变量MERWDL×Soe的系数为-0.017，且在10%的水平上显著。上述回归结果表明，相对于国有企业而言，在非国有企业中，高管与员工之间薪酬差距对企业全要素生产率的影响更加显著，即国有产权性质在高管与员工之间薪酬差距对企业全要素生产率的影响中存在显著的负向调节效应，从而增强了假设5的稳健性。

表6-22　　**模型（2）滞后一期的回归结果表（2）**

变量	TFP		
	（国有企业组）	（非国有企业组）	（交乘项）
	（1）	（2）	（3）
MRWDL	0.067*** （17.272）	0.132*** （11.202）	0.125*** （21.261）
Soe			-0.091 （-0.343）

续表

变 量	TFP		
	（国有企业组）	（非国有企业组）	（交乘项）
	（1）	（2）	（3）
MRWDL×Soe			-0.101** （-2.343）
Topten	0.001 （1.559）	0.003*** （7.805）	0.001*** （5.724）
Roa	2.384*** （16.956）	2.543*** （24.094）	2.527*** （29.397）
Size	0.461*** （40.258）	0.527*** （45.054）	0.489*** （44.855）
Lev	0.533*** （15.564）	0.552*** （22.671）	0.551*** （27.554）
Mshare	-1.206*** （-2.738）	0.029 （0.904）	-0.018 （-0.538）
Growth	0.059*** （7.618）	0.045*** （9.387）	0.052*** （12.339）
Tangibility	-0.037*** （-6.878）	-0.035*** （-11.362）	-0.034*** （-12.289）
Ito	-0.002*** （-3.388）	0.001*** （3.681）	-0.001 （-0.430）
Fat	0.008*** （12.621）	0.007*** （17.682）	0.007*** （19.787）
Board	-0.011* （-1.788）	0.002 （0.455）	-0.005 （-1.205）
Rop	-0.021*** （-6.590）	-0.010*** （-3.849）	-0.014*** （-7.316）
Con	2.442*** （18.945）	1.535*** （12.871）	2.038*** （23.757）

续表

变 量	TFP		
	（国有企业组）	（非国有企业组）	（交乘项）
	（1）	（2）	（3）
Ind/Year	Control	Control	Control
Adj.R^2	0.391	0.434	0.449
F 值	151.324	178.012	259.917
N	4 716	7 069	11 785
第（1）列与第（2）列中变量MRWDL系数的比较：chi^2（1）=20.52 Prob>chi^2=0.000			

注：***、**、*分别表示在1%、5%和10%的水平上显著；括号内的数据为t值。

如表6-22所示，在第（1）列与第（2）列中，变量MRWDL的系数分别为0.067与0.132，且均在1%的水平上显著，以及第（1）列中的系数显著小于第（2）列中的系数；同时，在第（3）列中，变量MRWDL×Soe的系数为-0.101，且在5%的水平上显著。上述回归结果表明，相对于国有企业而言，在非国有企业中高管与员工之间薪酬差距对企业全要素生产率的影响更加显著，即国有产权性质在高管之间薪酬差距对企业全要素生产率的影响中存在显著的负向调节效应，从而增强了假设6的稳健性。

表6-23 **模型（2）滞后一期的回归结果表（3）**

变 量	TFP		
	（权力较大组）	（权力较小组）	（交乘项）
	（1）	（2）	（3）
MERWDL	0.005 （1.156）	0.006^{**} （2.472）	-0.002 （-1.229）
Power			-0.036^{*} （-1.704）
MERWDL×Power			-0.039^{***} （-4.104）
Topten	0.001^{**} （2.516）	0.001^{**} （2.404）	0.001^{***} （3.805）

续表

变量	TFP		
	（权力较大组）	（权力较小组）	（交乘项）
	（1）	（2）	（3）
Roa	3.172*** （25.183）	3.027*** （17.560）	3.192*** （30.823）
Size	0.510*** （30.265）	0.512*** （44.129）	0.511*** （50.920）
Lev	0.732*** （22.331）	0.524*** （12.484）	0.657*** （25.431）
Mshare	−0.128*** （−3.130）	0.002 （0.018）	−0.124** （−2.214）
Growth	0.054*** （7.006）	0.034*** （3.592）	0.045*** （7.574）
Tangibility	−0.044*** （−10.121）	−0.032*** （−4.740）	−0.039*** （−10.863）
Ito	−0.001 （−1.021）	−0.001*** （−3.874）	−0.001* （−1.770）
Fat	0.007*** （21.565）	0.008*** （15.663）	0.007*** （27.730）
Board	−0.008** （−2.285）	0.015** （2.351）	−0.002 （−0.693）
Rop	−0.026*** （−7.883）	−0.033*** （−7.401）	−0.029*** （−10.815）
Con	3.107*** （26.258）	2.836*** （16.915）	3.025*** （31.768）
Ind/Year	Control	Control	Control
Adj.R^2	0.417	0.399	0.445
F 值	132.801	151.622	203.975
N	5 450	6 355	11 785

如表6-23所示，在第（1）列与第（2）列中，变量MERWDL的系数分别为0.005与0.006，但第（1）列中的系数并不显著；同时，在第（3）列中，变量MERWDL×Power的系数为-0.039，且在1%的水平上显著。上述回归结果表明，相对于CEO权力较大的企业而言，在CEO权力较小的企业中，高管与员工之间薪酬差距对企业全要素生产率的影响更加显著，即CEO权力的增强在高管与员工之间薪酬差距对企业全要素生产率的影响中存在显著的负向调节效应，从而增强了假设7的稳健性。

表6-24　　**模型（2）滞后一期的回归结果表（4）**

变 量	TFP		
	（权力较大组）	（权力较小组）	（交乘项）
	(1)	(2)	(3)
MRWDL	0.092 (1.579)	0.149** (2.111)	0.114*** (3.466)
Power			-0.019 (-1.166)
MRWDL×Power			-0.019** (-2.166)
Topten	0.009*** (2.695)	0.006 (1.419)	0.001*** (3.309)
Roa	2.920*** (23.591)	2.618*** (15.885)	2.811*** (28.416)
Size	0.489*** (30.846)	0.486*** (34.771)	0.487*** (39.837)
Lev	0.716*** (23.962)	0.524*** (14.007)	0.642*** (27.506)

续表

变 量	TFP		
	（权力较大组）	（权力较小组）	（交乘项）
	（1）	（2）	（3）
Mshare	−0.098*** （−2.740）	0.025 （0.262）	−0.091* （−1.710）
Growth	0.062*** （8.373）	0.048*** （5.613）	0.055*** （9.997）
Tangibility	−0.040*** （−10.427）	−0.029*** （−4.936）	−0.036*** （−11.157）
Ito	−0.001 （−1.113）	−0.004* （−1.903）	−0.005** （−2.176）
Fat	0.007*** （34.180）	0.008*** （27.546）	0.008*** （43.893）
Board	−0.008*** （−2.613）	0.015** （2.069）	−0.004 （−1.316）
Rop	−0.021*** （−7.171）	−0.021*** （−5.489）	−0.022*** （−9.137）
Con	2.420*** （10.305）	1.688*** （12.088）	2.163*** （17.580）
Ind/Year	Control	Control	Control
Adj.R^2	0.370	0.390	0.411
F 值	136.019	133.127	206.671
N	5 450	6 355	11 785

注：***、**、*分别表示在1%、5%和10%的水平上显著；括号内的数据为t值。

如表6-24所示，在第（1）列与第（2）列中，变量MRWDL的系数分别为0.092与0.149，但第（1）列中的系数并不显著；同时，在第（3）列中，变量MRWDL×Power的系数为-0.019，且在5%的水平上显著。上述回归结果表明，相对于CEO权力较大的企业而言，在CEO权力较小的企业中，高管之间薪酬差距对企业全要素生产率的影响更加显著，即CEO权力的增强在高管之间薪酬差距对企业全要素生产率的影响中存在显著的负向调节效应，从而增强了假设8的稳健性。

6.5 本章小结

本研究以2007—2016年中国上市公司的A股数据为样本，以内部薪酬差距为解释变量，实证分析了产权性质以及CEO权力对内部薪酬差距与企业全要素生产率的影响。研究发现：第一，产权性质对于内部薪酬差距与企业全要素生产率的影响存在调节作用。在国有企业中，内部薪酬差距对企业全要素生产率的提升作用会被显著削弱。这表明当国有企业的薪酬制定受到相关部门的管制干预，政治仕途的晋升更加被国有企业管理层看重，因而，内部薪酬差距的激励效果在非国有企业要比在国有企业更有效；表明政府对国有企业的薪酬限制以及政治晋升对国有企业管理层的吸引会降低内部薪酬差距对国有企业高管的激励效果。第二，CEO权力对于内部薪酬差距与企业全要素生产率的影响存在调节作用。表现为CEO随着权力的增强会增强自身薪酬，实现自利行为，扩大企业内部差距，进而对企业全要素生产率带来负向影响。

7　研究结论与政策建议

本章主要是针对上文章节的内容进行归纳总结，并提出相关的政策建议。具体而言，首先，本书简要概括文章的主要结论，以及阐释潜在的研究贡献；其次，在此基础上立足于中国现阶段的发展情况提出具有针对性的政策建议；最后，结合本书研究内容与现阶段的研究情况归纳与总结可能存在的研究不足，并提出未来研究展望。

7.1　主要结论

本书旨在研究内部薪酬差距如何影响企业全要素生产率，并分别从高管与员工之间薪酬差距以及高管之间薪酬差距两个方面探讨其影响的内在机制，以及探究产权性质与CEO权力在内部薪酬差异对企业全要素生产率影响中的作用。内部薪酬差距是公司治理框架下不可缺少的激励机制，直接关系高管与员工的工作积极性以及努力程度。现有相关研究主要基于锦标赛理论与行为理论，以资产收益率等财务指标探讨内部薪酬差距对企业生产经营的效果与效率，并获取截然不同的微观经验证据。相对于相关财务指标而言，企业全要素生产率能够更加全面反映企业生产经营的效果与效率，但内部薪酬差距对企业全要素生产率的影响并未引起相关学者的充分关注。

有鉴于此，本书全面与系统地探讨了内部薪酬差距对企业全要素生产率的影响。然而，内部薪酬差距的经济后果研究长期以来一直是管理学与经济学领域研究的热点与难点，因而，深入探讨内部薪酬差距影响企业全要素生产率的机制成为揭示内部薪酬差距上述影响的必要途径。

人力资本理论认为内部薪酬差距源自个人不同的生产效率，其原因主要可分为以下两个方面：一方面，企业能通过先前选拔和培训，提升人员的人力资本，提高生产效率。另一方面，人力资本的专用性会促进企业获取长期的竞争优势，从而有助于提高企业的生产效率以及创造价值。同时，在中国经济转轨阶段，国有企业与非国有企业高管薪酬的制度约束存在显著差异，且CEO权力的增强对高管的内部薪酬差距也具有重要的影响。因而，本书在探究内部薪酬差距对企业全要素生产率影响的基础上，分别基于人力资本理论深入探索上述影响的内在机制，以及辨析产权性质与CEO权力在上述影响中的作用。

首先，本书探寻高管之间以及高管与员工之间薪酬差距对企业全要素生产率产生的效果影响，从而奠定文章的研究基础。其次，本书探索内部薪酬差距影响企业全要素生产率的影响机制。具体而言，本书把高管与员工之间薪酬差距分解为高管薪酬溢价与员工薪酬溢价，把高管之间薪酬差距拆分为核心高管薪酬溢价与非核心高管薪酬溢价，探讨不同的人力资本溢价对企业全要素生产率的作用影响。最后，本书进一步辨析产权性质以及CEO权力在内部薪酬差异对企业全要素生产率影响中是否存在显著的调节效应。

通过上述章节的研究，本书得出如下结论：

第一，内部薪酬差距的加大会显著促进企业全要素生产率的提升。基于锦标赛理论的研究视角，内部薪酬差距能够起到正向的激励效果，从而会有助于企业提升企业全要素生产率，但行为理论的支持者却认为内部薪酬差距存在负向的激励效果。本书研究结论则主要支持了锦标赛理论的分析结果，即高管与员工之间薪酬差距以及高管之间薪酬差距的加大均会显著促进企业全要素生产率的提升。

然而，内部薪酬差距是企业管理经营实践与理论研究领域的重点与难点，其产生的经济后果往往并非仅仅存在锦标赛理论或者行为理论的经验证据。一些学者也获取了上述相对理论在内部薪酬差距的经济后果中并存，且随着内部薪酬差距的加大，解释力也会发生改变的经验证据，从而会影响本书研究结论的可靠性。有鉴于此，本书进一步研究发现，内部薪酬差距对企业全要素生产率的影响呈倒U形关系的实证检验结果并不显著，但当内部薪酬差距过大时，继续加大内部薪酬差距对企业全要素生产率的影响并不显著。

第二，借助人力资本理论的相关内容，研究发现：一是，高管薪酬溢价和员工薪酬溢价的加大均会显著促进企业全要素生产率的提升，但高管薪酬溢价的影响更强；二是，非核心高管薪酬溢价与核心高管薪酬溢价的加大均会促进企业全要素生产率的提升，但核心高管薪酬溢价的影响更强。

一方面，本书将高管之间与高管与员工之间薪酬差距分解为高管薪酬溢价与员工薪酬溢价。研究发现，两者的增加会显著促进企业全要素生产率的提升，且相对于员工薪酬溢价而言，高管薪酬溢价对企业全要素生产率促进作用更强。上述研究结果表明，在提升企业全要素生产率过程中，对于加大薪酬差距而言，对高管的激励效果会强于对员工的激励效果。另一方面，本书将高管薪酬溢价部分拆分为核心高管薪酬溢价与非核心高管薪酬溢价。研究发现，两者的增加会显著促进企业全要素生产率的提升，且相对于非核心高管薪酬溢价而言，核心高管薪酬溢价对企业全要素生产率的影响更强。上述研究结果表明，在提升企业全要素生产率过程中，对核心高管的激励效果会强于对非核心高管的激励效果。

第三，国有产权性质以及CEO权力的增强均会显著抑制内部薪酬差距对企业全要素生产率的促进作用。一方面，相对于非国有企业而言，在国有企业中，在一系列“限薪令”的约束下，拉大其内部薪酬差距是个敏感的现象，员工对公平性思考过多，从而会降低其对高管的激励效果。另一方面，在中国企业公司治理尚处于发展阶段的背景下，相对于CEO权力较小的企业，在CEO权力较大的企业中，内部薪酬差距的加大可能是其借助自身权力与影响摄取私有收益的结果，从而会在一定程度上抑制内部薪酬差距对企业全要素生产率积极的激励效果。

7.2 政策建议

本书的研究结论不仅对企业设计内部薪酬差距具有重要的理论参考价值，而且对相关监管机构在追求经济高质量发展阶段提升企业全要素生产率提出了重要的政策建议，具体如下：

第一，本书研究结论为相关监管机构从内部薪酬差距的角度促进微观企业提升全要素生产率提供了一定的经验支持。自改革开放以来，在相关监管机构的支持下，相关学者获取了中国企业逐步呈现出与资产报酬率等财务指标相挂钩的经验证据。然而，在党的十九大报告提出提升全要素生产率是实现经济高质量发展的重要路径的背景下，如何拉动微观企业全要素生产率以确保实现经济高质量发展是相关监管部门所面临的重要议题。因而，本书研究结论有助于相关监管部门进一步借助内部薪酬差距，制定与优化薪酬结构的相关制度，引导与促进中国企业提升全要素生产率。

第二，本书研究结论有助于相关监管机构制定相关薪酬政策。研究结论表明，对于高管与员工之间薪酬差距而言，高管薪酬溢价对企业全要素生产率的促进作用强于员工薪酬溢价，印证了在提升企业全要素生产率的过程中，对高管激励的效果强于对员工的激励；对于高管之间的薪酬差距而言，核心高管薪酬溢价对企业全要素生产率的促进作用强于非核心高管薪酬溢价，符合人力资本理论对核心高管的作用强于其他群体的理论分析预期。因而，上述结论为相关监管部门引导中国企业借助相关薪酬政策吸引人才以及甄别人才，以拉动企业全要素生产率的增长提供了一定的理论参考。

第三，本书研究结论为相关监管机构加强塑造有利于中国企业借助内部薪酬差距促进企业全要素生产率增长的经济环境提供了一定的理论借鉴。一方面，在将国有企业高管薪酬与经营业绩相挂钩的改革政策与一系列“限薪令”相继出台的背景下，国资委于2019年6月印发《国务院国资委授权放权清单（2019年版）》支持中央企业所属企业市场化选聘的职业经理人实行市场化薪酬分配制度。而国有产权性质会显著抑制内部薪酬差距具有促进企业全要素生产率作用的结论，恰恰符合相关监管机构营造推进国有企业市场化薪酬改革的经济环境的需求。另一方面，CEO权力的增强会抑制内部薪酬差距对全要素生产率提升的结论，也为相关监管机构完善中国企业公司治理的环境，抑制企业高管借助自身权力与影响摄取私有收益的行为损害企业全要素生产率的提升，提供了一定的经验支持。

7.3 研究局限和未来的研究方向

7.3.1 研究局限

受笔者学术水平、研究时间和精力等多方面的限制，本书还存在一些局限和不足，具体包括：

第一，尽管本书基于企业全要素生产率的研究视角，系统探讨了内部薪酬差距的经济后果，然而，对企业全要素生产率的计算，仅参考现有相关文献的研究方法，并不能精确地刻画微观企业真实的企业全要素生产率。因而，本书所估算的企业全要素生产率可能会存在一定偏差，尽管在稳健性检验中更换了度量指标，但仍难免会遗漏部分无法刻画与度量的影响因素。

第二，尽管本书基于人力资本理论与管理层权力理论，探索与甄别内部薪酬差距影响企业全要素生产率的路径以及相关影响因素，然而，囿于内部薪酬差距的复杂性，本书并未探讨其影响企业全要素生产率的其他潜在机制。因而，上述局限在一定程度上限制了本书对内部薪酬差距影响企业全要素生产率全貌的描述。

第三，由于档案式研究方法的限制，本书缺乏对企业所有类型不同的人力资本主体的薪酬溢价对企业全要素生产率影响路径的探索。档案式研究方法仅针对企业已经披露的数据，因此，无法获取企业所有类型的人力资本主体的薪酬信息以揭露相关薪酬溢价影响企业全要素生产率的具体路径。

7.3.2 未来研究方向

本书认为未来对内部薪酬差距影响企业全要素生产率的相关研究可能主要体现在以下两个方面：

一是，探索内部薪酬差距影响企业全要素生产率的其他机制。尽管本书将内部薪酬差距分解，探寻其影响企业全要素生产率的机制，但仍会影响其他重要的机制。因而，本书研究会为未来研究探寻其他影响机制提供了一定的方向。

二是，探索丰富内部薪酬差距促进企业全要素生产率效果的因素。本书从内部薪酬差距的研究视角，弥补了现有企业全要素生产率影响因素理论研究的不足。但影响内部薪酬差距激励效果的因素较多，而企业全要素生产率的提升是实现经济高质量的关键。因而，探寻促进内部薪酬差距对企业全要素生产率积极效果的因素也会成为未来研究的重要方向。

主要参考文献

[1] 步丹璐，白晓丹．员工薪酬、薪酬差距和员工离职［J］．中国经济问题，2013（1）：100-108.

[2] 步丹璐，蔡春，叶建明．高管薪酬公平性问题研究——基于综合理论分析的量化方法思考［J］．会计研究，2010（5）：39-46.

[3] 步丹璐，王晓艳．政府补助、软约束与薪酬差距［J］．南开管理评论，2014（2）：23-33.

[4] 步丹璐，张晨宇，林腾．晋升预期降低了国有企业薪酬差距吗？［J］．会计研究，2017（1）：82-88.

[5] 蔡昉．中等收入陷阱的理论、经验与针对性［J］．经济学动态，2011（12）：4-9.

[6] 曹玉珊，张越．关键高管薪酬差距、市场竞争与战略差异——基于锦标赛理论的视角［J］．财经理论与实践，2019，40（2）：91-98.

[7] 常健．内部薪酬差距与公司绩效——基于上市公司的实证研究［J］．南方经济，2014（8）：71-90.

[8] 陈丁，张顺．薪酬差距与企业绩效的倒U型关系研究——理论模型与实证探索［J］．南开经济研究，2010（5）：35-45.

[9] 陈冬华，陈信元，万华林．国有企业中的薪酬管制与在职消费［J］．经济研究，2005（2）：90-101.

[10] 陈汉文，黄轩昊．内部控制、薪酬差距与企业价值［J］．厦门大学学报（哲学社会科学版），2019（2）：60-69.

[11] 陈勇兵，陈宇媚，周世民．贸易成本、企业出口动态与出口增长的二元边际——基于中国出口企业微观数据：2000—2005 [J]．经济学（季刊），2012，11（4）：1477-1502.

[12] 陈震．经营风险、管理层权力与企业高管层内部薪酬差距 [J]．经济管理，2012（12）：51-61.

[13] 戴魁早，刘友金．要素市场扭曲与创新效率——对中国高技术产业发展的经验分析 [J]．经济研究，2016（7）：72-86.

[14] 戴天仕，徐现祥．中国的技术进步方向 [J]．世界经济，2010（11）：54-70.

[15] 邓明．人口年龄结构与中国省际技术进步方向 [J]．经济研究，2014（3）：130-143.

[16] 董直庆，蔡啸，王林辉．技术进步方向、城市用地规模和环境质量 [J]．经济研究，2014（10）：111-124.

[17] 范剑勇，冯猛．中国制造业出口企业生产率悖论之谜：基于出口密度差别上的检验 [J]．管理世界，2013（8）：16-29.

[18] 方芳，李实．中国企业高管薪酬差距研究 [J]．中国社会科学，2015（8）：47-67.

[19] 方军雄．高管超额薪酬与公司治理决策 [J]．管理世界，2012（11）：144-155.

[20] 盖庆恩，朱喜，程名望，等．要素市场扭曲、垄断势力与全要素生产率 [J]．经济研究，2015（5）：61-75.

[21] 龚关，胡关亮．中国制造业资源配置效率与全要素生产率 [J]．经济研究，2013（4）：4-15.

[22] 韩晓梅，龚启辉，吴联生．薪酬抵税与企业薪酬安排 [J]．经济研究，2016，51（10）：140-154.

[23] 何融．外部治理与企业内部薪酬差距——基于分析师与媒体关注的证据 [J]．华中科技大学学报（社会科学版），2018，32（3）：73-80.

[24] 贺伟，蒿坡．薪酬分配差异一定会降低员工情感承诺吗——薪酬水平、绩效薪酬强度和员工多元化的调节作用 [J]．南开管理评论，2014，17（4）：13-23.

[25] 胡玲，黄速建．中美上市公司高管薪酬差距与公司绩效的比较研究 [J]．经济管理，2012，34（7）：93-102.

[26] 黄繁华，高静．出口地缘偏向性、质量评价与技术效率评估 [J]．世界经济研究，2013（7）：33-40.

[27] 黄辉．高管薪酬的外部不公平性、内部差距与经营业绩 [J]．经济管理，

2012（7）：81-92.

［28］ 黄燕萍，刘榆，吴一群．中国地区经济增长差异：基于分级教育的效应［J］．经济研究，2013（4）：94-105.

［29］ 黄志忠，郗群．薪酬制度考虑外部监管了吗？——来自中国上市公司的证据［J］．南开管理评论，2009（1）：49-56.

［30］ 江伟．市场化程度、行业竞争与高管薪酬增长［J］．南开管理评论，2011（5）：58-67.

［31］ 解维敏．锦标赛激励促进还是抑制企业创新［J］．中国软科学，2017（10）：104-113.

［32］ 孔东民，徐茗丽，孔高文．企业内部薪酬差距与创新［J］．经济研究，2017（10）：144-157.

［33］ 孔宪丽，米美玲，高铁梅．技术进步适宜性与创新驱动工业结构调整——基于技术进步偏向性视角的实证研究［J］．中国工业经济，2015（11）：62-77.

［34］ 雷钦礼，徐家春．技术进步偏向、要素配置偏向与中国TFP的增长［J］．统计研究，2015（8）：10-16.

［35］ 雷霆，周嘉南．股权激励、高管内部薪酬差距与权益资本成本［J］．管理科学，2014（6）：12-26.

［36］ 李春涛，宋敏．中国制造业企业的创新活动：所有制和CEO激励的作用［J］．经济研究，2010（5）：135-137.

［37］ 李钢，董敏杰，沈可挺．强化环境管制政策对中国经济的影响——基于CGE模型的评估［J］．中国工业经济，2012（11）：5-17.

［38］ 李晶莹，齐中英．人力资本不平等对全要素生产力增长的影响研究［J］．中国管理科学，2008，16（S1）：532-536.

［39］ 李琦．上市公司高级经理人薪酬影响因素分析［J］．经济科学，2003（6）：113-127.

［40］ 李绍龙，龙立荣，朱思．领导差异化授权对团队绩效的影响及其作用机制研究［J］．管理学报，2017（7）：1006-1014.

［41］ 李世刚，蒋煦涵，蒋尧明．独立董事内部薪酬差距与异议行为［J］．经济管理，2019（3）：124-140.

［42］ 李树，翁卫国．我国地方环境管制与全要素生产率增长——基于地方立法和行政规章实际效率的实证分析［J］．财经研究，2014，40（2）：19-29.

［43］ 李唐，韩笑，余凡．企业异质性、人力资本质量与全要素生产率——来自2015年广东制造业企业——员工匹配调查的经验证据［J］．武汉大学学报（哲学社会科学版），2016（1）：73-83.

[44] 李维安，刘绪光，陈靖涵．经理才能、公司治理与契约参照点：中国上市公司高管薪酬决定因素的理论与实证分析［J］．南开管理评论，2010（2）：4-15.

[45] 李增泉，杨春艳．上市公司管理者薪酬结构性差异的实证研究［J］．经济研究，2003（8）：55-63.

[46] 梁上坤，张宇，王彦超．内部薪酬差距与公司价值——基于生命周期理论的新探索［J］．金融研究，2019（4）：188-206.

[47] 林浚清，黄祖辉，孙永祥．高管团队内部薪酬差距、公司绩效和治理结构［J］．经济研究，2003（4）：31-40.

[48] 林琳，潘琰．国有上市公司内部薪酬差距的十年演变及激励效应跟踪［J］．经济体制改革，2019（1）：110-119.

[49] 林毅夫，张鹏飞．适宜技术、技术选择和发展中国家的经济增长［J］．经济学（季刊），2006（3）：985-1006.

[50] 刘春，孙亮．内部薪酬差距与经营业绩：来自国有企业上市公司的经验证据［J］．南开管理评价，2010（2）：30-39.

[51] 刘美玉，姜磊．高管内部薪酬差距、股权激励与投资效率［J］．经济问题，2019（6）：90-96.

[52] 刘敏，冯丽娟．高管内部薪酬差距、投资行为与企业绩效——以中国制造业A股上市企业为例［J］．科学决策，2015（10）：66-81.

[53] 刘瑞翔，安同良．中国经济增长的动力来源与转换展望——基于最终需求角度的分析［J］．经济研究，2011，46（7）：30-41.

[54] 刘思彤，张启銮，李延喜．高管内部薪酬差距能否抑制企业风险承担?［J］．科研管理，2018（1）：189-199.

[55] 刘晓伟，刘锦，姜安印．企业腐败与内部薪酬差距［J］．当代财经，2017（3）：70-80.

[56] 刘亚，龙立荣，李晔．组织公平感对组织效果变量的影响［J］．管理世界，2003（3）：126-132.

[57] 刘张发，田存志，张潇．国有企业内部薪酬差距影响生产效率吗［J］．经济学动态，2017（11）：46-57.

[58] 卢锐，魏明海，黎文靖．管理层权力、在职消费与产权效率——来自中国上市公司的证据［J］．南开管理评论，2008（5）：85-92.

[59] 鲁海帆．高管团队内薪酬差距、风险与公司业绩——基于锦标赛理论的实证研究［J］．经济管理，2011（12）：93-99.

[60] 鲁晓东，连玉君．中国工业企业全要素生产率估计：1999—2007［J］．经济学（季刊），2012（1）：541-558.

[61] 陆正飞. 国有企业支付了更高的职工工资吗 [J]. 经济研究，2012（3）：28-39.

[62] 吕巍，张书恺. 高管内部薪酬差距对企业研发强度的影响——基于锦标赛理论的视角 [J]. 软科学，2015（1）：1-5.

[63] 马光荣. 制度、企业生产率与资源配置效率——基于中国市场化转型的研究 [J]. 财贸经济，2014（8）：104-114.

[64] 马俊峰，徐永乐. 内部薪酬差距合理性与会计盈余相关性——来自中国上市公司的经验数据 [J]. 技术经济与管理研究，2015（1）：66-70.

[65] 毛其淋，许家云. 中间品贸易自由化、制度环境与生产率演化 [J]. 世界经济，2015（9）：80-106.

[66] 牛建波，李胜楠，杨育龙，等. 高管薪酬差距、治理模式和企业创新 [J]. 管理科学，2019（2）：77-93.

[67] 潘镇，何侍沅，李健. 女性高管、薪酬差距与企业战略差异 [J]. 经济管理，2019（2）：122-138.

[68] 彭国华. 中国地区全要素生产率与人力资本构成 [J]. 中国工业经济，2007（2）：54-61.

[69] 祁怀锦，邹燕. 高管薪酬外部公平性对代理人行为激励效应的实证研究 [J]. 会计研究，2014（3）：26-32.

[70] 钱学锋，王胜，黄云湖，等. 进口种类与中国制造业全要素生产率 [J]. 世界经济，2011，34（5）：3-25.

[71] 钱雪亚. 人力资本水平统计估算 [J]. 统计研究，2012（8）：74-82.

[72] 邱斌，唐保庆，孙少勤，等. 要素禀赋、制度红利与新型出口比较优势 [J]. 经济研究，2014（8）：107-119.

[73] 权小锋，吴世农，文芳. 管理层权力、私有收益与薪酬操纵 [J]. 经济研究，2010（11）：73-87.

[74] 任广乾. 国有企业高管超额薪酬的实现路径及其约束机制研究 [J]. 西南大学学报（社会科学版），2017（2）：65-73.

[75] 阮傲，孙博，彭璧玉. 高管团队内部薪酬差距能促进企业创新绩效?——基于垂直薪酬差距与水平薪酬差距的实证研究 [J]. 华南师范大学学报（社会科学版），2019（4）：130-139.

[76] 邵敏，包群. 外资进入是否加剧中国国内工资扭曲：以国有工业企业为例 [J]. 世界经济，2012，35（10）：3-24.

[77] 沈艺峰，李培功. 政府限薪令与国有企业高管薪酬、业绩和运气关系的研究 [J]. 中国工业经济，2010（11）：130-139.

[78] 盛斌，毛其淋. 贸易开放、国内市场一体化与中国省际经济增长：1985—

2008年［J］. 世界经济，2011（11）：44-66.
［79］ 盛明泉，张娅楠，蒋世战. 高管薪酬差距与全要素生产率［J］. 河北经贸大学学报，2019，40（2）：81-89.
［80］ 石永拴，杨红芬. 高管团队内外部薪酬差距对公司未来绩效影响的实证研究［J］. 经济经纬，2013（1）：104-108.
［81］ 宋凌云，王贤彬. 重点产业政策、资源重置与产业生产率［J］. 管理世界，2013（12）：63-77.
［82］ 覃家琦，齐寅峰，李莉. 微观企业投资效率的度量：基于全要素生产率的理论分析［J］. 经济评论，2009（2）：133-141.
［83］ 唐清泉，甄丽明. 管理层风险偏爱、薪酬激励与企业R&D投入——基于我国上市公司的经验研究［J］. 经济管理，2009（5）：56-64.
［84］ 王建军，刘红霞. 高管团队内部薪酬差距对投资效率影响的实证研究——以A股国有上市公司为例［J］. 北京工商大学学报（社会科学版），2015（3）：67-74.
［85］ 王林辉，董直庆. 资本体现式技术进步、技术合意结构和中国生产率增长来源［J］. 数量经济技术经济研究，2012（5）：3-18.
［86］ 魏芳，耿修林. 高管薪酬差距的阴暗面——基于企业违规行为的研究［J］. 经济管理，2018（3） 57-73.
［87］ 魏刚. 高级管理层激励与上市公司经营绩效［J］. 经济研究，2000（3）：32-39.
［88］ 魏下海，张建武，余玲铮. 人力资本不平等与全要素生产率增长关系［J］. 财经科学，2011（1）：66-74.
［89］ 吴成颂，周炜. 高管薪酬限制、超额薪酬与经营业绩——中国制造业数据的实证检验与分析［J］. 现代财经，2016（9）：75-87.
［90］ 吴联生，林景艺，王亚平. 薪酬外部公平性、股权性质与公司业绩［J］. 管理世界，2010（3）：117-126.
［91］ 吴育辉，吴世农. 高管薪酬：激励还是自利？——来自中国上市公司的证据［J］. 会计研究，2010（11）：40-48.
［92］ 夏宁，董艳. 高管薪酬、员工薪酬与公司的成长性——基于中国中小上市公司的经验数据［J］. 会计研究，2014（9）：89-95.
［93］ 谢建国，周露昭. 进口贸易、吸收能力与国际R&D技术溢出：中国省区面板数据的研究［J］. 世界经济，2009，32（9）：68-81.
［94］ 谢千里，罗斯基，张轶凡. 中国工业生产率的增长与收敛［J］. 经济学（季刊），2008（3）：809-826.
［95］ 辛清泉，谭伟强. 市场化改革、企业业绩与国有企业经理薪酬［J］. 经济

研究，2009（11）：68-81.

[96] 胥佚萱. 企业内部薪酬差距、经营业绩与公司治理——来自中国上市公司的经验证据［J］. 山西财经大学学报，2010（7）：86-93.

[97] 徐朝阳，林毅夫. 发展战略与经济增长［J］. 中国社会科学，2010（3）：94-108.

[98] 杨婵，贺小刚，朱丽娜，等. 垂直薪酬差距与新创企业的创新精神［J］. 财经研究，2017（7）：32-44.

[99] 杨高举，黄先海. 中国会陷入比较优势陷阱吗［J］. 管理世界，2014（5）：5-22.

[100] 杨汝岱，姚洋. 有限赶超与经济增长［J］. 经济研究，2008（8）：29-41.

[101] 杨薇，孔东民. 企业内部薪酬差距与人力资本结构调整［J］. 金融研究，2019（6）：150-168.

[102] 杨薇，徐茗丽，孔东民. 企业内部薪酬差距与盈余管理［J］. 中山大学学报（社会科学版），2019（1）：177-187.

[103] 杨竹清，陆松开. 企业内部薪酬差距、股权激励与全要素生产率［J］. 商业研究，2018（2）：69-72.

[104] 姚毓春，袁礼，王林辉. 中国工业部门要素收入分配格局——基于技术进步偏向性视角的分析［J］. 中国工业经济，2014（8）：44-56.

[105] 余东华，孙婷，张鑫宇. 要素价格扭曲如何影响制造业国际竞争力［J］. 中国工业经济，2018（2）：63-81.

[106] 余林徽，陆毅，路江涌. 解构经济制度对中国企业生产率的影响［J］. 经济学（季刊），2014（1）：127-150.

[107] 余泳泽，张先轸. 要素禀赋、适宜性创新模式选择与全要素生产率提升［J］. 管理世界，2015（9）：13-31.

[108] 袁礼，欧阳峣. 发展中大国提升全要素生产率的关键［J］. 中国工业经济，2018（6）：43-61.

[109] 翟淑萍，毕晓方，李欣. 薪酬差距激励了高新技术企业创新吗？［J］. 科学决策，2017（6）：1-28.

[110] 张泽南，马永强. 市场化进程、内部薪酬差距与盈余管理方式选择［J］. 山西财经大学学报，2014（7）：91-104.

[111] 张长征，张姣. 女性高管参与度对企业内部薪酬差距的影响［J］. 工业工程与管理，2018（6）：51-56.

[112] 张正堂. 高层管理团队协作需要、薪酬差距和企业绩效：竞赛理论的视角［J］. 南开管理评论，2007（2）：4-11.

[113] 赵奇锋，王永中. 薪酬差距、发明家晋升与企业技术创新［J］. 世界经济，

2019（7）：94-119.

[114] 郑兵云，陈圻．转型期中国工业全要素生产率与效率——基于细分行业的随机前沿模型分析［J］．数理统计与管理，2010，29（3）：480-489.

[115] 钟熙，宋铁波，陈伟宏．高管团队薪酬差距、董事会监督能力与企业研发投入［J］．证券市场导报，2019（7）：32-41.

[116] 周静，辛清泉．金字塔层级降低了国有企业的政治成本吗？——基于经理激励视角的研究［J］．财经研究，2017（1）：29-40.

[117] 庄子银．创新、企业家活动配置与长期经济增长［J］．经济研究，2007（8）：82-94.

[118] BASU S，WEIL D N.Appropriate technology and growth［J］. Quarterly Journal of Economics，1998，113（4）：1025-1054.

[119] BEBCHUK L A，FRIED J M，WALKER I.Managerial power and rent extraction in the design of executive compensation［J］. University of Chicago Law Review，2002，69（9）：751-846.

[120] BECKER G S，MURPHY K M.The division of labor，coordination costs and knowledge［J］. Quarterly Journal of Economics，1992，107（5）：1137-1160.

[121] BLOCH，FARRELL E，SMITH S P. Human capital and labor market employment［J］. The Journal of Human Resources，1976，12（4）：550-560.

[122] BLOOM M，MICHEL J.The relationship among organizational context，pay dispersion and management turnover［J］. Academy of Management Journal，2002，45（1）：33-42.

[123] CHEN M.Intergenerational mobility in contemporary China［J］. Chinese Sociological Review，2013，45（4）：29-53.

[124] COLES J L，DANIEL N D.Managerial incentives and risk-taking［J］. Journal of Financial Economics，2006（79）：431-468.

[125] CONYON M J，HE L.Compensation committee and CEO compensation incentive in US entrepreneurial firms［J］. Journal of Management Accounting，2004，16（1）：35-56.

[126] DAI Y，KONG D，XU J.Does fairness breed efficiency? pay gap and firm productivity in China［J］. International Review of Economics and Finance，2017，48（1）：406-422.

[127] FALEYE O，HOLITASH O.The costs of intense board monitoring［J］. Journal of Financial Economics，2013，101（1）：160-181.

[128] GAN L, HERNANDEZ M A, MA S.The higher costs of doing business in China [J]. Journal of International Economics, 2016, 10 (2): 81-94.

[129] GERHART B, MILKOVICH G T.Organizational differences in managerial compensation and financial performance [J]. Academy of Management Journal, 1990, 33 (4): 663-691.

[130] HAMBRICK, DONALD C, MASON P.Upper echelons: the organization as a reflection of its top managers [J]. Academy of Management Review, 1984, 9 (2): 193-206.

[131] JENSEN M C, MECKLING W H. Theory of the firm: managerial behavior, agency costs and ownership structure [J]. Journal of Financial Economics, 1976, 3 (76): 305-360.

[132] JOHNSON, HALL, TERRY R.The determinants of planned retirement age [J]. Industrial and Labor Relations Review, 1980, 33 (2): 241-254.

[133] KALE, JAYANT R, REISE.Rank-order tournaments and incentive alignment: the effect on firm performance [J]. The Journal of Finance, 2009, 64 (3): 1479-1512.

[134] KRUGMAN P.The myth of Asia' s miracle [J]. Foreign Affairs, 1994, 73 (6): 62-78.

[135] KUMAR, SUBODH, RUSSELL R R.Technological change, technological catch-up, and capital deepening: relative contributions to growth and convergence [J]. American Economic Review, 2002, 92 (3): 527-548.

[136] LAZEAR E P, ROSEN S. Rank-order tournaments as optimum labor contracts [J]. Journal of Political Economy, 1981, 8 (9): 841-864.

[137] LIN C, PING, SONG C.Managerial incentive, CEO characteristic and corporate innovation in China's private sector [J]. Journal of Comparative Economics, 2011, 39 (2): 176-190.

[138] MAIN B.Directors' service contracts, why so long [J]. Hume Papers on Public Policy, 1993, 12 (1): 36-41.

[139] MARTIN, SANDERS W G.The effects of top management team pay and firm internationalization on MNC performance [J]. Journal of Management, 1981, 54 (4): 509-528.

[140] MILGROM P, ROBERTS J. Predation reputation and entry deterrence [J]. Journal of Economic Theory, 1988, 27 (5): 280-213.

[141] RIDGE J W, AIME F, WHITE M A.When much more of a difference makes a difference: social comparison and tournaments in the CEO's top team [J]. Strategic Management Journal, 2015, 36 (10): 618-636.

[142] ROMER P M.Endogenous technological change [J]. Journal of Political Economy, 1990, 98 (5): 71-102.

[143] SHEN C H, ZHANG H.Tournament incentives and firm innovation [J]. Review of Finance, 2018, 22 (4): 1515-1548.

[144] XU M, KONG G, KONG D.Does wage justice hamper creativity? pay gap and firm innovation in China [J]. China Economic Review, 2017, 44 (5): 186-202.